D.O. AL RESCATE

Ricardo Pérez Pérez

Primera edición, 2018

© Ricardo Pérez Pérez
Derechos reservados de Autor
Prohibida su reproducción o publicación total o parcial, sin autorización por escrito del autor.

Registro 03-2016-083109173400-01

ÍNDICE:

Capítulo 1 - Estructura y Organización

- Mesa de Control
- Análisis de cargas de trabajo

- Descripción de puestos
- Control de plazas
- Valuación de puestos

Capítulo 2 - Desarrollo

- Plan de vida y carrera
- Desarrollo de líderes
- Creación de equipos de alto desempeño

Capítulo 3 - Capacitación

- Estrategias de DNC
- Capacitación virtual (E-Learning)
- Evaluación de desempeño
- Indicadores de desempeño (KPI)
- Inducción a la empresa
- Programa Anual de Cumplimiento de Metas

Capítulo 4 - Gestión de talento

- Parrilla de Reemplazo y Sucesión
- 5 Estrategias para retención de talento
- Teoría de las 9 cajas (9 Boxes)

Capítulo 5 – Sistemas de comunicación

- Red interna (Intranet)
- Mensajero institucional
- Redes sociales
- Telefonía celular en red
- Mesas de discusión

Capítulo 6 - Cultura laboral

- Código de Ética y Reglamento Interno
- Filosofía
- Ambigüedad de intereses
- Rotación de personal
- Encuesta 360°

Capítulo 7 – Clima organizacional

- Auto-encuesta
- Ejercicio de Reflexión
- Encuesta de Cultura Laboral

Si, si... Ya sé, seguramente usted estimado lector está pensando en éste momento, bueno, otro aburrido libro de Recursos Humanos que dice cosas muy bonitas, que pretende situarme en un mundo perfecto donde todo es sencillo.

Pues permítame decepcionarlo, éste libro no está hecho con esa idea, por el contrario, lo que pretendo es siempre situarlo en el mundo real, donde nada es sencillo, pero también con la seguridad de que si es posible lograr cambios favorables.

Después de ya varios años trabajando en el área de Recursos Humanos, que ya de por sí es algo complejo, he ido desarrollando la habilidad de observar y analizar a las personas, pero sobre todo en un entorno laboral, que es donde realmente la gente muestra su verdadera personalidad.

Eso me ayudó a entender que una empresa nace, crece, se consolida y desaparece, por el comportamiento de las personas que trabajan en ella, en todos los niveles, empezando por el dueño o dueños de la empresa o por el Director General, quizá usted esté pensando que no es del todo cierto, porque también influyen otros factores y puede tener razón, pero si menciono esto, es porque tiene una explicación, todavía no llegamos a la era de las máquinas que sustituyan la mano de obra humana en un 100% en las empresas y tal vez falte mucho para eso.

Eso significa que mientras eso no ocurra, la funcionalidad de una empresa, sigue dependiendo de personas que hagan cada una el trabajo que le corresponde, pero al no ser máquinas que se pueden programar, la imperfección humana se rige por algo que conocemos como "Libre albedrío", es decir, cada persona, piensa, analiza y decide desde su propia visión de las cosas y por más que hagamos exhaustivos y complejos procesos de selección pensando que así se atraen a los mejores candidatos, ninguno es perfecto porque es humano, que en cualquier momento se puede corromper, puede cambiar de manera de pensar o de intereses y de nada habrá servido que los "expertos en reclutamiento" hayan elegido a los candidatos perfectos.

En éste sentido, me viene a la mente un buen ejemplo:

Los bancos para concederle un crédito a una persona, la investigan y le ponen miles de condiciones, como altos ingresos, antigüedad en el trabajo, etc., como si eso realmente fuera una garantía (Aunque para ellos si…), pero lo contradictorio viene cuando abrimos alguna página de venta de inmuebles y el 80% de las propiedades que se publican, son inmuebles incautados por los bancos y que se rematan a mitad de precio, porque se las están quitando a clientes morosos que ya no pudieron seguir pagando el crédito, ¿Que no se supone que el banco lo consideró como sujetos de crédito?.

Qué quiero decir con esto, que la gente siempre cambia, para bien o para mal, cambia en manera de pensar, de situación financiera, en intereses, etc. y puede suceder en cualquier momento, por lo tanto y volviendo al punto, las empresas cambian porque sus trabajadores cambian, pero insisto, para bien o para mal.

Entonces como dije al principio, el éxito de una empresa, depende de muchos factores claro, pero al final, el principal siempre será el nivel de calidad del capital humano con el que cuenta una empresa, ¿A qué me refiero con nivel de calidad?, precisamente al comportamiento o actitud de los trabajadores, porque la actitud nos mueve a cada uno hacia un sentido positivo de sinergia o hacia un sentido negativo de negligencia.

Quizá sea difícil de aceptar por parte de muchos directivos, pero tan fácil como decir que si un vendedor no quiere vender, no venderá nada aunque lo obligue (En un sentido negativo) o lo motive (En un sentido positivo), al final será decisión de él si quiere cumplir con su trabajo o no y así lo mismo con todos los trabajadores de una empresa.

Por eso es común ver tantos despidos por bajo rendimiento y por consiguiente, un alto índice de rotación en las empresas, pero como dije, la gente cambia en cualquier momento, para bien o para mal.

A lo largo de mi trayectoria laboral, me enfrenté a ésta situación de ver cómo eran los mismos directivos lo que provocaban o le daban el rumbo a esos cambias hacia un sentido positivo o negativo, lamentablemente siempre van hacia un sentido negativo y eso es precisamente lo que yo quiero cambiar en las empresas.

Imagino que en éste momento se estará preguntando y éste loco, ¿En qué se basa para asegurar eso si nunca ha sido director?, la respuesta es muy sencilla, "No es lo mismo ver los toros desde la barrera". Significa que es muy común que los directivos piensen que están haciendo un buen trabajo, pero los que los observamos de cerca, nos damos cuenta que no es así, porque lo vemos desde otros ángulos que ellos no tienen y por eso vemos cosas que están mal y que ellos no ven.

Entre esas cosas que no ven, es que todas las decisiones que toman a nivel directivo, causan **IMPACTOS EMOCIONALES** en los trabajadores en todo momento, pero esos impactos emocionales pueden ser de dos tipos: Impactos emocionales positivos (Que generan motivación y compromiso) o Impactos emocionales negativos (Que generan desmotivación y resentimiento).

Pero cómo saber cuándo se generan impactos emocionales positivos o negativos, muy fácil, los impactos emocionales negativos se generan cuando la empresa toma decisiones con más peso a los intereses de la empresa, mientras que los impactos emocionales positivos, se generan cuando las decisiones tienen un equilibrio entre los intereses de la empresa y los intereses de los trabajadores.

Por lo tanto, el propósito de éste libro, es para compartir ideas prácticas sobre cómo generar más impactos emocionales positivos y menos negativos en sus trabajadores y puede estar seguro que así empezará a dar los primeros pasos para generar un cambio en la actitud o comportamiento de sus trabajadores, hacia un sentido positivo y sólo así, lograr poco a poco cambios positivos en su empresa.

Solamente quien es capaz de mover emociones, será capaz de cambiar actitudes.

Las herramientas que aquí comparto, fueron desarrolladas por mí, porque de nada sirve el conocimiento, si no se es capaz de crear algo con lo que se aprende.

La creatividad es un elemento importante para alguien que quiere ser un gestor del cambio y que no se limita a solamente copiar lo que hacen los demás.

Empezaremos con éstas simples preguntas:

Si en su empresa tiene problemas como:

- Mala organización
- Empleados desmotivados
- Fuga de talentos o talento mal aprovechado
- Sin un plan de desarrollo
- Crecimiento de plazas sin planeación
- No sabe cómo evaluar a sus trabajadores
- Ni tiene una filosofía definida para su empresa
- Sistemas deficientes de comunicación

Además de compartir mis ideas, en el libro también toco algunos temas como teorías que ya existen y que trato de explicarlas desde mi punto de vista, para que puedan ser utilizadas como soluciones, de forma práctica, para descubrir todo el potencial de sus trabajadores y aprovecharlo al máximo.

Capítulo 1

Estructura y Organización

Para que una empresa funcione lo mejor posible, es necesario que cuente con una estructura bien cimentada que facilite el crecimiento de manera sostenida con bases sólidas.

Las estrategias contenidas en éste libro, fueron diseñadas con un formato simple y fácil de implementar.

MESA DE CONTROL

Que le parece si empezamos por agregarle un poco de dinamismo a su empresa con una mesa de control, ¿Qué se logra?, Información oportuna para la Dirección General, al momento que la solicita y de la forma más completa y clara, mejor organización de las tareas y asuntos pendientes, mayor fluidez de los procesos, todos reciben atención oportuna.

Cabe mencionar que ésta forma de organización, ya se utiliza en la mayoría de las empresas de gran tamaño y a nivel mundial, como bancos, tiendas departamentales, instituciones educativas, etc., pero la intención de mencionarlo aquí, es porque es una forma de organización que funciona para todas las empresas de cualquier tamaño.

Y una de las principales razones para implementarla, es porque definitivamente, libera mucha tensión en el ambiente y por supuesto la empresa funciona perfectamente sincronizada, como reloj suizo, a menos claro está, que usted sea uno de esos directivos que necesita su terapia diaria de liberación de estrés, usando a sus colaboradores más cercanos de "sparring", si decide implementar una mesa de control en su empresa y logra hacerla funcionar de la manera correcta, siento decirle que tendrá que buscar otra forma de canalizar su estrés.

Una mesa de control, es un sistema de organización y seguimiento de todas las actividades y procesos que se realizan en una empresa diariamente hasta su consecución. El responsable de la mesa de control, recibe solicitudes, las canaliza y verifica constantemente el avance y cumplimiento de cada solicitud, toma decisiones en caso de algún retraso, genera informes, estadísticas y reportes de toda la información que controla.

La Dirección General tiene acceso a toda la información de manera inmediata, para conocer el estatus de cada situación.

Así se combate la incómoda frase de "No sé", que para un director es muy desesperante.

Cómo funciona:

Un área cualquiera, ingresa al portal y registra un asunto o documento que requiera canalización y seguimiento, el responsable de la mesa de control, revisa diariamente las solicitudes registradas y las turna o canaliza a o las áreas correspondientes de atender dichos asuntos. Este proceso facilita establecer un control total.

Entonces el responsable de la Mesa de Control, al encontrar asuntos pendientes de atender, inicia el proceso de atención y seguimiento de cada uno, enviando mensajes a los involucrados, solicita estatus de avance, envía respuestas, cancelación o cierre de asuntos, genera informes, etc.

Con lo anterior, se garantiza la disminución de los tiempos de atención y la eliminación de copias, el personal del área responsable, colabora para la resolución de asuntos y es un trabajo en equipo.

Al generar la respuesta correspondiente al asunto, queda un registro y expediente electrónico único, que facilitará su búsqueda para futuras revisiones o aclaraciones.

Entre los beneficios inmediatos que se obtienen, podemos mencionar:

- Optimización de tiempo y recursos
- Control total de la información
- Ahorro de tiempo en la atención a todos los asuntos pendientes

- Conocimiento real del estatus de los asuntos
- Agiliza los procesos y mejora el desempeño
- Disminuye la tensión y genera un ambiente de confianza

En resumen, éste proceso hace más eficiente el control de gestión de asuntos. Ayuda a dar mejores resultados y a disminuir sustancialmente el uso de papel y mensajería.

Algunas funciones sugeridas pueden ser:

Reporte, canalización y seguimiento de:

Proyectos

- Cotizaciones
- Presentaciones

- Contratos
- Avance
- Documentación
- Trámites
- Reclamación
- Cancelación
- Intervención de la Dirección General

Atención al cliente

- Estatus de Facturación
- Estatus de Cobranza
- Aclaraciones
- Estatus de Cotizaciones
- Estatus de Entregas

Administrativos

- Pago de impuestos
- Solicitud de pago de servicios
- Compras
- Pago de nómina
- Exportaciones
- Multas o sanciones en inmuebles
- Trámites de permisos y licencias
- Demandas
- Contingencias
- Gasolina
- Peaje

- Control de activo fijo
- Control de Almacén
- Control de automóviles utilitarios
- Control de Telefonía celular en red
- Comprobación de gastos
- Solicitud de mobiliario de oficina
- Solicitud de herramientas

Sistemas

- Soporte técnico
- Licencias
- Solicitud de creación o modificación de correo electrónico
- Servicios de red
- Solicitud de equipo de cómputo

Atención al personal

- Solicitud de préstamo
- Solicitud de adelanto de nómina
- Solicitud de vacaciones
- Solicitud de aclaración por descuentos
- Incapacidades
- Constancias laborales
- Creación o reposición de credencial
- Actualización de documentos de expediente
- Cambio de Nómina

- Solicitud de personal
- Solicitud de baja de personal
- Solicitud de valuación de puesto
- Solicitud de actualización de Cédula de Descripción de Puesto
- Creación de nuevo puesto
- Teléfono celular en red
- Solicitud de reunión con Recursos Humanos

Incidentes

- Objetos robados o perdidos.
- Inundaciones, plagas, basura acumulada.
- Accidente.
- Lámparas fundidas.
- Goteras o humedad en techos o muros.
- Fugas de agua o gas.
- Mobiliario o sillas rotas para reparar, cambiar o tirar.
- Falla en instalaciones eléctricas o corto circuito.

La implementación de una Mesa de Control, no requiere de grandes gastos o estructuras complejas, se puede realizar con una simple aplicación desarrollada por programadores y que se trabaje desde una red interna (Intranet).

Se compone de una pantalla de captura de datos para que el usuario ingrese una solicitud y que el responsable de la mesa de control pueda visualizarla desde un panel de control, para canalizarla y poder darle seguimiento y agregarle las funcionalidades de creación, impresión y envío de reportes, consulta de información con control de acceso sólo para personas autorizadas.

ANÁLISIS DE CARGAS DE TRABAJO

¿Le ha pasado que tiene problemas de baja productividad, personal desmotivado y mal aprovechado en un departamento y peor aún, busca soluciones donde no las hay y termina por desesperarse y despedir personas "aparentemente ineficaces"?, mi sugerencia es empezar por lo básico, pues a veces tenemos el problema enfrente de nuestros ojos y no lo vemos.

Ésta metodología le ayudará a analizar de manera muy detallada las actividades que se realizan en un departamento y el perfil de quienes las realizan, de esa manera se puede detectar si el personal asignado a esas actividades, realmente tiene el perfil necesario. Pero cuidado, hacer esto también puede evidenciar la poca capacidad del responsable del departamento y su falta de liderazgo.

Las ventajas de utilizar ésta metodología son:

- Agilizar los procesos.
- Aprovechar mejor las habilidades y experiencia del personal del área.
- Distribuir más equitativamente el trabajo, lo que ayuda a disminuir tiempos.
- Uso más eficiente de los recursos materiales y económicos.
- Definir metas y objetivos alcanzables por departamento.

Metodología de análisis:

El proceso inicia con la generación de un listado con la descripción de todas las actividades que se realizan en un departamento.

El formato de análisis tiene varias columnas con distintos conceptos, para detallar lo más posible cada actividad.

Una vez teniendo el listado completo, se continúa con el formato para analizar el perfil de todos los miembros del departamento que realizan las actividades.

La última parte de la actividad, consiste en indicar qué actividades están asignadas a cada trabajador y también se debe indicar el nivel de complejidad de la actividad por medio de colores.

Es de gran ayuda para para detectar fortalezas, debilidades, oportunidades y alertas de cada departamento, que permitan tomar mejores decisiones en la estructura organizacional.

Ejemplo de análisis previo de un departamento:

Dirección		Responsable	
Departamento	Sistemas	Puesto	
	Soporte Técnico		

	Proceso que se realiza	área de estudios requerida	Alcance	Nivel/exp.	Tiempo/exp.	Nivel de quien realiza	Personal requerido	Tiempo requerido
1	Configuración de computadoras de escritorio	Configuración	Sistemas	Interno	Básico	6 m a 1 año	Gerencia	1	1 a 30 minutos
2	Mto. y rep. de equipo de cómputo	Reparación	Sistemas	Interno	Intermedio	2 a 3 años	Especialista	2	Variable
3	Soporte técnico a usuarios	Soporte	Sistemas	Interno	Intermedio	2 a 3 años	Gerencia	2	30 minutos a 1 hora
4	Instalación y configuración de servidores	Configuración	Sistemas	Interno	Avanzado	más de 5 años	Gerencia	1	1 a 2 horas
5	Respaldos de información	Respaldo	Sistemas	Interno	Básico	6 m a 1 año	Gerencia	1	30 minutos a 1 hora
6	Instalación de cableado estructurado	Instalación	Sistemas	Interno	Básico	6 m a 1 año	Operativo	2	Variable
7	Instalación de líneas telefónicas	Instalación	Sistemas	Interno	Avanzado	4 a 5 años	Supervisión	1	Variable
8	Compra de equipo	Compras	Sistemas	Externo	Avanzado	4 a 5 años	Coordinación	1	1 a 30 minutos
9	Capacitación al personal	Capacitación	Sistemas	Interno	Intermedio	2 a 3 años	Supervisión	3	1 a 2 horas
10	Administración del servidor de correo	Soporte	Sistemas	Interno	Básico	6 m a 1 año	Operativo	1	1 a 30 minutos
11	Instalación y configuración de periféricos	Configuración	Sistemas	Interno	Avanzado	más de 5 años	Gerencia	2	30 minutos a 1 hora
12	Elaboración de manuales y tutoriales	Documentación	Sistemas	Interno	Básico	6 m a 1 año	Gerencia	1	Variable
13	Contratación de servicios	Compras	Sistemas	Externo	Avanzado	4 a 5 años	Coordinación	1	1 a 30 minutos
14	Manejo del presupuesto del departamento	Pagos	Administración	Interno	Avanzado	4 a 5 años	Coordinación	1	Variable
15	Mantenimiento del sistema de video	Soporte	Sistemas	Interno	Intermedio	2 a 3 años	Supervisión	2	2 a 3 horas

Ahora el ejemplo del análisis de los perfiles de los miembros del departamento, utilizando colores para identificar las actividades por nivel de complejidad.

Nivel básico: Amarillo

Nivel intermedio: Naranja

Nivel avanzado: Rojo

Nivel experto: Verde

En la columna "Actividades que realiza", se coloca el número que le corresponde en el formato donde se describieron las actividades del departamento y el color que corresponde del nivel de experiencia que se requiere, de igual manera indicado en la tabla anterior.

Nombre	Puesto	Nivel/jer	Área de estudios realizados	Ant/puesto	Nivel/exp	Actividades que realiza							
Juan García	Gerente de Soporte Técnico	Gerencia	Sistemas	1 a 6 m	Avanzado	4	3	5	9	11	12	15	7
Luis Rodríguez	Coordinador de Soporte	Coordinación	Telecomunicaciones	2 a 3 años	Intermedio	2	6	7	8				4
Adolfo Ruiz	Coordinador de Soporte	Coordinación	Sistemas	2 a 3 años	Básico	2	8	13	14				6
Ana Hernández	Supervisor de Soporte	Supervisión/Jefatura	Electrónica	6 m a 1 año	Avanzado	2	6	9	12				6
Laura Villa	Supervisor de Soporte	Supervisión/Jefatura	Sistemas	1 a 2 años	Básico	2	7	8	13	14	15		6
Julio Martínez	Asistente de Soporte	Operativo	Sistemas	1 a 2 años	Básico	1	5	7	9	10	12		6
Patricia Jiménez	Asistente Administrativo	Operativo	Electrónica	3 a 4 años	Avanzado	2	10						2
Raúl González	Asistente de Soporte	Operativo	Telecomunicaciones	6 m a 1 año	Básico	6	10						2
Héctor Lara	Asistente de Soporte	Operativo	Sistemas	1 a 2 años	Intermedio	6	10						2
José Díaz	Asistente de Soporte	Operativo	Electrónica	2 a 3 años	Intermedio	6	10						2
Verónica López	Asistente de Soporte	Operativo	Electrónica	4 a 5 años	Avanzado	6	10						2
Alfredo Hernández	Asistente de Soporte	Operativo	Sistemas	2 a 3 años	Intermedio	6	10						2
Guadalupe Salas	Asistente de Soporte	Operativo	Sistemas	1 a 2 años	Básico	6	10						2

Nivel requerido para desempeñar la actividad
Básico
Intermedio
Avanzado
Experto

De modo que, en el ejemplo de se puede apreciar que las cargas de trabajo están muy mal distribuidas, lo que puede ocasionar retrasos, errores y un alto nivel de tensión, además de indicar que el responsable del departamento, no ha sabido asignar correctamente las actividades a cada miembro del equipo y que no se ha dado el tiempo de conocer realmente el talento y las capacidades de cada miembro de su equipo de trabajo y por consiguiente, no ha sabido aprovechar adecuadamente el potencial de cada uno.

Ahora lo que sigue es realizar los ajustes en la tabla de descripción de actividades del departamento, sobre todo en la columna "Nivel de quien realiza", para reorganizar a los nuevos responsables de realizar cada actividad, quedando como se muestra en el siguiente ejemplo, tomando como base, el mismo análisis inicial:

Dirección	Sistemas						
Departamento	Soporte Técnico						
Responsable							
Puesto							

#	Proceso que se realiza	Área de estudios requerida	Alcance	Nivel/exp.	Tiempo/exp.	Nivel de quien realiza	Personal requerido	Tiempo requerido
1	Configuración de computadoras de escritorio	Configuración	Sistemas	Interno	Básico	6 m a 1 año	Operativo	1	1 a 30 minutos
2	Mto. y rep. de equipo de cómputo	Reparación	Sistemas	Interno	Intermedio	2 a 3 años	Especialista	2	Variable
3	Soporte técnico a usuarios	Soporte	Sistemas	Interno	Intermedio	2 a 3 años	Operativo	2	30 minutos a 1 hora
4	Instalación y configuración de servidores	Configuración	Sistemas	Interno	Avanzado	más de 5 años	Gerencia	1	1 a 2 horas
5	Respaldos de información	Respaldo	Sistemas	Interno	Básico	6 m a 1 año	Operativo	1	30 minutos a 1 hora
6	Instalación de cableado estructurado	Instalación	Sistemas	Interno	Básico	6 m a 1 año	Operativo	2	Variable
7	Instalación de líneas telefónicas	Instalación	Sistemas	Interno	Avanzado	4 a 5 años	Coordinación	1	Variable
8	Compra de equipo	Compras	Sistemas	Externo	Avanzado	4 a 5 años	Coordinación	1	1 a 30 minutos
9	Capacitación al personal	Capacitación	Sistemas	Interno	Intermedio	2 a 3 años	Supervisión	3	1 a 2 horas
10	Administración del servidor de correo	Soporte	Sistemas	Interno	Básico	6 m a 1 año	Operativo	1	1 a 30 minutos
11	Instalación y configuración de periféricos	Configuración	Sistemas	Interno	Avanzado	más de 5 años	Gerencia	2	30 minutos a 1 hora
12	Elaboración de manuales y tutoriales	Documentación	Sistemas	Interno	Básico	6 m a 1 año	Operativo	1	Variable
13	Contratación de servicios	Compras	Sistemas	Externo	Avanzado	4 a 5 años	Coordinación	1	1 a 30 minutos
14	Manejo del presupuesto del departamento	Pagos	Administración	Interno	Avanzado	4 a 5 años	Coordinación	1	Variable
15	Mantenimiento del sistema de video	Soporte	Sistemas	Interno	Intermedio	2 a 3 años	Supervisión	2	2 a 3 horas

Una vez realizado el ajuste en la tabla anterior, a continuación se muestra el ejemplo de cómo queda la redistribución de las actividades, en donde se puede apreciar que realmente se aprovechan más las cualidades del perfil de cada trabajador, lo que resulta en beneficio de la productividad:

Algunos directivos pensarán que en vez de reorganizar las actividades, la solución sería prescindir de algunos trabajadores y repartir el trabajo entre los que quedan, también podría ser una solución si se decide que es lo mejor para la empresa, pero esa decisión solamente se entendería si la empresa no tiene intenciones de crecer o expandirse o de obtener nuevos proyectos, pues en ese caso, si sería justificada la decisión.

Pero si al contrario, la empresa tiene la intención de crecer y obtener nuevos proyectos más ambiciosos, lo más adecuado es mantener la plantilla, pero con cargas de trabajo más balanceadas.

La mayoría de las ocasiones, tratar de hacer más con menos gente, puede comprometer la productividad y la calidad del trabajo, además de generar un alto nivel de tensión.

Nombre	Puesto	Nivel/jer	Área de estudios realizados	Ant/puesto	Nivel/exp	Actividades que realiza							
Juan García	Gerente de Soporte Técnico	Gerencia	Sistemas	1 a 6 m	Avanzado	1	3	5	9	11	15		5
Luis Rodríguez	Coordinador de Soporte	Coordinación	Telecomunicaciones	2 a 3 años	Intermedio	2	3	6	7	8	13	14	7
Adolfo Ruiz	Coordinador de Soporte	Coordinación	Sistemas	2 a 3 años	Básico	2	3	8	13	14			5
Ana Hernández	Supervisor de Soporte	Supervisión/Jefatura	Electrónica	6 m a 1 año	Avanzado	2	3	6	9	12	13	15	7
Laura Villa	Supervisor de Soporte	Supervisión/Jefatura	Sistemas	1 a 2 años	Básico	2	3	6	13	15			5
Julio Martínez	Asistente de Soporte	Operativo	Sistemas	1 a 2 años	Básico	1	3	5	9	10	12		6
Patricia Jiménez	Asistente Administrativo	Operativo	Electrónica	3 a 4 años	Avanzado	1	3	5	7	9	10	12 14	8
Raúl González	Asistente de Soporte	Operativo	Telecomunicaciones	6 m a 1 año	Básico	1	3	5	9	10	12		6
Héctor Lara	Asistente de Soporte	Operativo	Sistemas	1 a 2 años	Intermedio	1	3	5	7	9	10	12	7
José Díaz	Asistente de Soporte	Operativo	Electrónica	2 a 3 años	Intermedio	1	3	5	7	9	10	12	7
Verónica López	Asistente de Soporte	Operativo	Electrónica	4 a 5 años	Avanzado	1	3	5	7	9	10	12 14	8
Alfredo Hernández	Asistente de Soporte	Operativo	Sistemas	2 a 3 años	Intermedio	1	3	5	7	9	10	12 14	8
Guadalupe Salas	Asistente de Soporte	Operativo	Sistemas	1 a 2 años	Básico	1	3	5	9	10	12		6

Nivel requerido para desempeñar la actividad
Básico
Intermedio
Avanzado
Experto

DESCRIPCIÓN DE PUESTOS

Es importante contar con un Catálogo de Descripción de Puestos, que nos permita tener claro los distintos puestos, su nivel de responsabilidad y el perfil ideal de quien ocupa el puesto.

Mientras más completa tengamos la información, más utilidad tendrá:

- Al compararla con el trabajador que ocupa el puesto, se puede utilizar como D.N.C.
- Para tomarla como base para publicar vacantes de ese puesto.
- Para generar organigramas.

La estructura propuesta es la siguiente:

Datos Técnicos

- Nombre del puesto.
- Nivel jerárquico.
- Nivel jerárquico del inmediato superior.
- Objetivo del puesto.
- Funciones o responsabilidades.
- Funcionalidad del puesto.
- Espacio de operación.
- Nivel de decisión.
- Nivel de autonomía.

- Manejo de presupuesto.
- Manejo de facturas.
- Equipo de cómputo y otros equipos.
- Nivel de acceso a información confidencial.

<u>Perfil del ocupante</u>

- Edad.
- Género.
- Estado civil.
- Escolaridad.
- Idiomas.
- Áreas de experiencia.
- Herramientas informáticas.
- Herramientas de trabajo.

<u>Compensación, Rango de sueldo y Posición en el organigrama</u>

Funcionalidad del puesto

Espacio de operación	
Nivel de decisión	
Nivel de autonomía	
Maneja presupuesto	
Facturación (S/N)	
Equipo de cómputo	
Equipo especial	
Nivel de acceso a información confidencial	

Perfil ideal del ocupante

Edad		Sexo			Edo. Civil						
Escolaridad									Título	Si	No
Idiomas			Porcentajes	Hablado		Escrito		Leído			

Áreas de experiencia

	Básico		intermedio		Avanzado
	Básico		intermedio		Avanzado
	Básico		intermedio		Avanzado
	Básico		intermedio		Avanzado
	Básico		intermedio		Avanzado

Conocimiento en herramientas informáticas

	Básico		intermedio		Avanzado
	Básico		intermedio		Avanzado
	Básico		intermedio		Avanzado
	Básico		intermedio		Avanzado
	Básico		intermedio		Avanzado

Conocimiento en herramientas de trabajo

	Básico		intermedio		Avanzado
	Básico		intermedio		Avanzado
	Básico		intermedio		Avanzado
	Básico		intermedio		Avanzado
	Básico		intermedio		Avanzado

Compensación

Rango de sueldo autorizado		De:	$			A:	$		
Regimen	Nómina		Honorarios Asimilados		Honorarios profesionales		Temporal		
Esquema de comisión		No aplica		Variable		Por metas		Porcentaje máximo	
Bono por productividad		Si		No					
Prestaciones		De Ley		Superiores					

Posición en el organigrama

Elaboerado por	Revisado por	Autorizao por

Fecha						Lugar		

CONTROL DE PLAZAS

¿Su empresa está creciendo como enredadera?, cuidado, puede caer en el problema de tener que despedir personal sin fundamento y ocasionarle problemas legales, no es necesario llegar a eso, basta con implementar una herramienta muy sencilla que se utiliza para establecer una forma de controlar las plazas o puestos en cada dirección.

Con esto se evitará la creación de puestos no necesarios, que causan un excesivo gasto por cuestión de pago de salarios y crecimiento desmedido.

La Dirección General en conjunto con cada Director de Área, determinan el número de plazas autorizadas, así como el presupuesto máximo autorizado para el pago de salarios.

El departamento de Compensaciones o Recursos Humanos, lleva el control de las plazas ocupadas, vacantes o disponibles para crear de cada dirección.

Por consiguiente, no se creará un puesto nuevo sin el análisis previo por parte de Recursos Humanos y sin la autorización de la Dirección General.

Ventajas:

- Crecimiento controlado.
- Control presupuestal de nóminas.
- Mayor oportunidad de desarrollo al personal.

En el siguiente ejemplo, se aprecia cómo se puede llevar un control de las plazas existentes y las autorizadas para crear, así como el presupuesto máximo autorizado para la creación de esas plazas.

Departamentos	4
Deptos. autorizados	5
Deptos. Disponibles	1
Costo máximo autorizado	$ 400,000.00
Costo actual	$ 338,000.00
Costo disponible	$ 62,000.00

Nivel	Autorizadas	Activas	Costo	Disponibles
Operativo	50	20	$ 160,000.00	17
Líder de Proyecto		1	$ 12,000.00	
Supervisor/Jefe		3	$ 36,000.00	
Coordinador		2	$ 30,000.00	
Subgerente		0		
Gerente		2	$ 50,000.00	
Subdirector		0		
Director		1	$ 50,000.00	
Vacantes		4	$ 338,000.00	

VALUACIÓN DE PUESTOS

Hablar de sueldos, es hablar de un factor de motivación o desmotivación, según la importancia que se le dé por parte de los directivos, por eso es común que los trabajadores constantemente se quejen de que su salario no es justo en comparación con los demás, aunque hasta cierto punto es normal, pues los seres humanos somos inconformes por naturaleza y esa situación nunca la erradicaremos por completo.

De modo que debemos valernos de algunas herramientas que ayuden a darle el valor justo a un puesto, pero lo interesante de ésta idea, es que se puede combinar y valuar un puesto al mismo tiempo que evaluamos al ocupante de ese puesto y al final se cuenta con elementos más objetivos, para determinar el sueldo más justo para cada trabajador, donde se le demuestra con argumentos, si el sueldo que percibe es justo o no.

Para empezar, es importante contar ya con un tabulador que permita a la empresa establecer rangos de sueldo más justos y apegados a los requerimientos de cada puesto, que se divida por niveles desde el puesto operativo de menor rango, hasta el Director General.

Como ya mencioné, ésta metodología ofrece la posibilidad de tener un panorama real de si el sueldo está por debajo del rango, dentro del rango o por encima del rango.

Ésta actividad también puede usarse como D.N.C.

La ventaja que ofrece es que permite valuar cada puesto de forma objetiva y así ofrecer una remuneración más justa y acorde a la descripción del puesto, lo que a su vez, asegura la satisfacción del trabajador al sentir que es valorado su esfuerzo en el cumplimiento de sus funciones y sin caer en preferencias.

METODOLOGÍA PARA VALUAR UN PUESTO Y AL MISMO TIEMPO, EVALUAR AL OCUPANTE

El primer paso es definir los rangos que serán posibles ofrecer dependiendo de las posibilidades económicas de la empresa.

Los rangos se establecen por niveles jerárquicos.

En la tabla siguiente, se muestra el ejemplo de una forma de generar los rangos de sueldo, así como los puestos que estarán contemplados dentro de cada nivel de tabulador.

Clasificación:

Establece los niveles jerárquicos y lo puestos.

Rango de sueldo:

El mínimo y máximo de sueldo que se puede percibir en cada nivel.

Clasificación		
Tabulador nivel 1	Directivo Alto	Directores
Tabulador nivel 2	Directivo Bajo	Subdirectores
Tabulador nivel 3	Ejecutivo Alto	Gerentes, Subgerentes
Tabulador nivel 4	Ejecutivo Medio	Coordinadores
Tabulador nivel 5	Ejecutivo Bajo	Jefes, Supervisores, Líderes de Proyecto
Tabulador nivel 6	Especialista	Programadores, Investigadores, Diseñadores, Técnicos
Tabulador nivel 7	Operativo A	Auxiliares, Asistentes, Promotores
Tabulador nivel 8	Operativo B	Vigilancia, intendencia, limpieza, mantenimiento, ayudante

Rango de sueldo		Escolaridad	Rango de sueldo	Sueldo promedio anual
	Directivo Alto	Maestría	55,000 a 60,000	$ 660,000.00
		Licenciatura		
	Directivo Bajo	Licenciatura	51,000 a 54,000	$ 510,000.00
	Ejecutivo Alto	Licenciatura	35,000 a 50,000	$ 360,000.00
	Ejecutivo Medio	Licenciatura	31,000 a 34,000	$ 285,000.00
	Ejecutivo Bajo	Licenciatura	27,000 a 30,000	$ 216,000.00
	Especialista	Licenciatura	17,000 a 27,000	$ 198,000.00
	Operativo A	Carrera Técnica	$9,000 a $16,000	$ 84,000.00
		Bachillerato		
	Operativo B	Secundaria	$ 5,000.00	$ 42,000.00

44

El siguiente paso está diseñado para valuar los puestos que ya cuentan con un ocupante y se puede utilizar como análisis de afinidad al puesto y nivel de desempeño.

La valuación se realiza de acuerdo a parámetros específicos y una escala de ponderación que arroja un promedio, ésta metodologia de valuación, se realiza de forma individual.

Es importante aclarar que como se observa en el siguiente ejemplo, existen algunos espacios entre valores, esto se debe a que tomando como ejemplo la columna de "Escolaridad", una licenciatura y un posgrado, no pueden valer casi lo mismo, es decir, con diferencia de sólo un punto, un posgrado debe tener más valor, por esa razón, vale dos puntos más.

Otro ejemplo es la columna de "Situación", donde la diferencia de ser pasante a contar con un título, debe ser de varios puntos más y no sólo de uno, pues si se hace así, valdrían casi lo mismo y no sería un factor de motivación de titularse para los trabajadores y poder ganarse la posibilidad de un amuento.

Valores de ponderación	Valor	Antigüedad	Nivel de estudios	Situación	Educ complem.	Conocimientos	Desempeño
	1	6 meses a 1 año	Sin estudios	Trunco	Cursos cortos	Básico	Deficiente
	2	1 a 2 años	Primaria	Pasante	Diplomados		Aceptable
	3	2 a 3 años	Secundaria		Especialidades	Intermedio	
	4	3 a 5 años	Bachillerato				
	5	5 a 8 años	Técnico Profesional		Certificaciones	Avanzado	
	6	8 a 12 años	Licenciatura	Titulado			Bueno
	7	12 a 16 años					
	8	16 a 21 años	Posgrado				
	9	21 años en adelante				Experto	Sobresaliente

En el ejemplo se muestra cómo se realiza una valuación tomando los valores de la tabla anterior, únicamente colocando el valor que corresponde a cada criterio:

Ficha de valuación individual		Ponderación	Calificación
Nombre	Luis López		
Número de empleado	9999		
Puesto	Coordinador de Proyecto		
Antigüedad en años	6	5	
Nivel de estudios	Licenciatura	6	
Situación	Titulado	6	
Educ. complementaria (cursos, diplomados, etc.)	Especialidades	3	
Nivel de conocimientos y habilidades para el puesto	Avanzado	5	
Desempeño	Aceptable	2	
Afinidad de capacidades	Calificación		
1- Liderazgo	8		
2- Trabajo en equipo	10		
3- Habilidad analítica	8		
4- Negociación	9		
5- Comunicación	9		8.6
6- Dinamismo/energía	9		
7- Solución de problemas	8		
8- Toma de decisiones	8		
9- Organización	8		
10- Tolerancia a la frustración	9		
Promedio	8.6		
Sueldo	$ 29,000.00		
Nivel	Ejecutivo Alto		5.1
Possición de rango	Por debajo		
Porcentaje de compensación autorizada	15%		
Importe de compensación	$ 4,350.00		
Nuevo sueldo compuesto autorizado	$ 33,350.00		
Calificación mínima para autorización de nivelación	5.0		

48

La parte de "Afinidad de Capacidades", se califica a criterio del jefe inmediato del trabajador, en una escala de 0 a 10 y se calcula el promedio.

Después se suman los valores de ponderación más el promedio de afinidad de capacidades y se divide entre 7, así se obtiene la calificación final que determina el resultado de la evaluación individual.

En el ejemplo, la calificación mínima establecida para obtener un ajuste es de 5.0, tomando en cuenta que una evaluación perfecta con las puntuaciones más altas es de 8.0.

El resultado fue una calificación de 5.1, es decir, que es mayor al mínimo establecido. Por lo tanto, el trabajador podrá obtener un aumento de sueldo.

5+6+6+3+5+2+8.6 = 35.6

35.6 / 7 = 5.1

Como resultado, se hizo una valuación y una evaluación más objetiva y justa, y el trabajador queda conforme al tener clara la forma en que se estableció su sueldo y su posible aumento.

Capítulo 2

Desarrollo

PLAN DE VIDA Y CARRERA

Antes de empezar a analizar éste tema tan importante, se debe tener en cuenta que no es necesario quebrarse la cabeza y prometer a los trabajadores algo que no podrá cumplir para todos, de manera que un Plan de Vida, no es para todo el personal, una vez que haya detectado a los trabajadores que realmente demuestren la ambición de crecer dentro de la empresa, serán los únicos candidatos para que la empresa les ofrezca un Plan de Vida.

El poder ofrecerle a los trabajadores considerados como valiosos para la empresa, una oportunidad real de desarrollo, trae como beneficio contar con trabajadores con un alto sentido de lealtad y compromiso.

En éste sentido, se puede decir que la empresa obtiene un beneficio a largo plazo de mano de obra totalmente capacitada, para realizar el trabajo de la mejor manera.

El plan que yo desarrollé está dividido en 6 etapas:

- Etapa 1 – Aprendizaje
- Etapa 2 – Formación
- Etapa 3 – Desarrollo
- Etapa 4 – Crecimiento
- Etapa 5 – Consolidación
- Etapa 6 - Experto

La siguiente tabla explica los distintos niveles de crecimiento que pueden servir como referencia en la planeación.

			Categoría	Edad	Período
Etapa-1	Aprendizaje	El trabajador ingresa a la empresa sin ninguna experiencia previa a un periodo de aprendizaje y al finalizar se realiza una evaluación de su proceso de aprendizaje. (click en el texto para ver la evaluación)	Becario / Prácticas profesionales	23 a 26	6 meses
Etapa-2	Formación	El trabajador pasa a una etapa en la que continúa su aprendizaje, pero ya aplica sus conocimientos y habilidades para realizar actividades con aumento de complejidad gradual, recibiendo constante apoyo de su jefe directo y apoyo en capacitación por parte de la empresa. (click en el texto para ver la evaluación)	Auxiliar / Asistente / Analista / Técnico / Especialista	24 en adelante	1 año
Etapa-3	Desarrollo	El trabajador pasa a una etapa en la que debe aplicar la experiencia, conocimientos y habilidades adquiridas, para analizar y generar propuestas de mejora continua y desarrollo de nuevas estrategias para realizar mejor su trabajo, recibiendo apoyo de su jefe directo y apoyo en capacitación por parte de la empresa (si cumple requisitos), al finalizar se realiza una evaluación de su proceso de formación. (click en el texto para ver la evaluación)	Auxiliar / Asistente / Analista / Especialista	26 en adelante	4 años
Etapa-4	Crecimiento	El trabajador pasa a una etapa en la que ya podrá experimentar sus inicios como responsable de coordinar una o más personas para realizar una actividad, o bien, hacerse cargo de un área pequeña, se requerirá contar con Título y Cédula profesional, deberá someterse a los exámenes psicométricos correspondientes al puesto y recibirá apoyo por parte del área de Recursos Humanos para alinearse con la filosofía de liderazgo que se implementará. (click en el texto para ver la evaluación)	Supervisor / Jefe / Líder de Proyecto	33 en adelante	5 años
Etapa-5	Consolidación	El trabajador pasa a una etapa en la que ya podrá obtener un nivel que le permite ser responsable de coordinar un área o departamento, se requerirá contar con Título y Cédula profesional, recibirá apoyo de un mentor, dependiendo de su actividad o especialidad, ya podrá tener personal a su cargo, deberá tener una postura de líder formador de otros líderes, apoyará a sus colaboradores en su crecimiento profesional y deberá ser capaz de innovar en su área de trabajo, generando nuevas estrategias y soluciones que le permitan elevar la calidad de su trabajo. (click en el texto para ver la evaluación)	Coordinador / Subgerente / Gerente	33 en adelante	6 años
Etapa-6	Experto (Mentor)	El trabajador alcanza un nivel más alto de desarrollo, se puede considerar ya un experto en las actividades de las áreas que dirija, deberá tener la disponibilidad de convertirse en guía de personas con menos edad y experiencia, compartiendo sus experiencias y conocimientos, para apoyar al desarrollo de nuevos talentos	Director	37 en adelante	Sin tiempo definido

Niveles de crecimiento

Director de Área
El Director posee basta experiencia, conocimientos y habilidades suficientes para organizar y delegar responsabilidades, domina la coordinación de áreas completas con muchos niveles jerárquicos inferiores, posee amplio conocimiento de la organización, madurez y criterio para la toma de decisiones críticas.
Requiere actualización relacionada con aspectos visión y planeación estratégica.
Tiene acceso a información crítica de la empresa y facultades para modificarla, para la toma de decisiones.
Ah alcanzado la posición máxima, por debajo de la Dirección General, requiere desarrollar habilidades de liderazgo inteligente para tomar las mejores decisiones que afectan el rumbo de la empresa.

Subdirector
El Subdirector posee habilidades suficientes para organizar y delegar responsabilidades, domina la coordinación de un grupo de trabajo hasta 3 niveles jerárquicos inferiores, posee amplio conocimiento de la organización.
Requiere capacitación relacionada con aspectos visión y planeación estratégica.
Tiene acceso a información crítica de la empresa y puede opinar en algunos aspectos para la toma de decisiones.
Para subir a Director, requiere desarrollar habilidades directivas y desarrollo de la capacidad de análisis profunda, para la toma de decisiones relevantes que pueden afectar el rumbo de la empresa.

Gerente
El Gerente ya posee habilidades suficientes para organizar y delegar responsabilidades, domina el trabajo en grupo de hasta 2 niveles jerárquicos inferiores, posee amplio conocimiento de la organización y la filosofía.
Requiere capacitación relacionada con aspectos de liderazgo y planeación estratégica.
Tiene acceso a información crítica de la empresa y puede opinar en algunos aspectos para la toma de decisiones.
Para subir a Subdirector, requiere desarrollar habilidades directivas y desarrollo de la capacidad de análisis para la toma de decisiones críticas.

Coordinador
El Coordinador ya cuenta con habilidades de manejo de grupos, domina el trabajo operativo
Requiere capacitación relacionada con el desarrollo de habilidades gerenciales, reforzar habilidades de planeación, análisis y toma de decisiones.
Tiene acceso con reservas a información crítica de la empresa
Para subir a Gerente, requiere dominio de las actividades de las áreas de su departamento, reforzar capacidad de control de grupos de trabajo, organización y planeación, disposición a transmitir conocimientos, características de liderazgo, inteligencia emocional.

Operativo
El trabajador de nivel operativo, tiene la capacidad y conocimientos para realizar su trabajo
Requiere capacitación constante.
Tiene poco acceso a la información crítica de la empresa
Para subir a Coordinador, requiere dominio total de su puesto, habilidades de manejo de grupos, organización y planeación

Los niveles de crecimiento mostrados en la tabla anterior, son para proporcionar algunas ideas sobre lo que se necesita en cada nivel, para escalar al siguiente.

EVALUACIÓN

Como todo proceso de desarrollo, es necesario un seguimiento por medio de evaluaciones que permitan asegurar que se está cumpliendo el objetivo de obtener un desarrollo con la adquisición de habilidades y experiencia.

Por obvias razones, no es posible evaluar de la misma manera cada nivel, veremos cómo hacerlo, enfocado en el desarrollo de competencias y para determinar si un trabajador supera una etapa y puede ser considerado para ser incluido en un Plan de Vida, pues como ya mencioné anteriormente, será solamente para quien muestre el interés. Los demás trabajadores que mantengan una regularidad, simplemente se quedarán en el nivel actual.

La siguiente imagen es un ejemplo de una evaluación de desempeño para las etapas 1 y 2:

Aprendizaje

Concepto		Calificación
Compromiso	Muestra interés por realizar las actividades que se le asignan en tiempo y forma	
Iniciativa	Muestra ser proactivo y hace más de lo que se espera que haga	
Organización	Muestra sentido de organización para aprovechar el tiempo y los recursos de manera adecuada	
Interés	Muestra interés por aprender y desarrollar sus capacidades involucrándose en las actividades del área	
Conocimientos adquiridos	Adquirió los conocimientos necesarios bien fundamentados, para iniciar su plan de formación dentro de la empresa	
Habilidades desarrolladas	Desarrolló las habilidades básicas necesarias para iniciar su plan de formación dentro de la empresa	
Actitud	Muestra disposición a realizar cualquier actividad que se le encomiende y a integrarse al equipo de trabajo	
	Promedio	0.0

Volver

Deficiente	1,2,3,4,5
Aceptable	6,7
Bueno	8,9
Sobresaliente	10

Promedio mínimo aceptable 8

La siguiente imagen es el ejemplo de una evaluación de desempeño para la etapa 3:

Desarrollo

Concepto		Calificación
Compromiso	Muestra interés por realizar las actividades que se le asignan en tiempo y forma	
Iniciativa	Muestra ser proactivo y hace más de lo que se espera que haga	
Organización	Muestra sentido de organización para aprovechar el tiempo y los recursos de manera adecuada	
Conocimientos adquiridos	Muestra interés por aprender y desarrollar sus capacidades involucrándose en las actividades del área	
Habilidades desarrolladas	Adquirió los conocimientos necesarios bien fundamentados, para continuar su plan de desarrollo dentro de la empresa	
Actitud	Desarrolló las habilidades básicas necesarias para iniciar su plan de desarrollo dentro de la empresa	
Liderazgo	Muestra disposición a realizar cualquier actividad que se le encomiende y a integrarse al equipo de trabajo	
Soluciones	Muestra capacidad para analizar e idear soluciones a problemas de distinta índole	
Visión analítica	Muestra la capacidad de identificar aspectos positivos y negativos en la forma de trabajar	
	Promedio	0.0

Deficiente	Aceptable	Bueno	Sobresaliente
1,2,3,4,5	6,7	8,9	10

Promedio mínimo aceptable 8

Volver

La siguiente imagen es el ejemplo de una evaluación de desempeño para la etapa 4:

Desarrollo		Deficiente	Aceptable	Bueno	Sobresaliente
		1,2,3,4,5	6,7	8,9	10
	Concepto	Calificación			
Equilibrio emocional	Es congruente con sus emociones y pensamientos y tiene buen control sobre su comportamiento en circunstancias adversas o favorables				
Toma de decisiones	Demuestra seguridad en la toma de decisiones				
Liderazgo inteligente	Demuestra interés por ayudar a las demás personas a desarrollarse y les transmite sus conocimientos. Demuestra tener vocación de servicio, siente gusto por transmitir sus conocimientos y experiencias a quienes estén por debajo de él, siguiendo sus indicaciones				
Habilidades de planeación y organización, desarrollo y ejecución de proyectos	Demuestra ser organizado y capaz de administrar su tiempo y sus actividades aprovechando al máximo sus horas de trabajo. Demuestra tener conocimiento de las necesidades de la empresa y cuenta con la suficiente capacidad y creatividad para diseñar estrategias que aporten beneficios a la organización				
Habilidades de dirección	Demuestra capacidad para coordinar un grupo de personas para trabajar en conjunto y lograr un objetivo común, capacidad de dirigir proyectos a gran escala, seguridad y objetividad en la toma de decisiones críticas, posee capacidad de reacción en la resolución de un problema encontrando la mejor alternativa				
Habilidades de comunicación	Demuestra capacidad para abrir canales de comunicación - Facilidad de palabra - Sabe expresar claramente sus ideas - Sabe escuchar - Sabe ser discreto - Evita discusiones y promueve el diálogo para resolver conflictos - Se dirige con respeto a todas las personas de todos los niveles que trabajan en la empresa				
Resolución de problemas	Demuestra capacidad para mantener un equilibrio emocional y mental, para analizar un problema y encontrar una o más soluciones posibles, aplica el criterio para buscar soluciones en vez de buscar culpables				
Razonamiento y visión analítica	Demuestra capacidad para detectar áreas de oportunidad, demuestra habilidad para analizar una situación desde un punto de vista objetivo y logra ver más allá de lo evidente				
Creatividad para innovar	Constantemente genera ideas y propuestas para crear o mejorar formas de hacer las cosas				
Integridad y valores	Demuestra ser una persona honesta y transparente que basa su comportamiento en valores, para generar una convivencia con sus compañeros respetuosa y positiva				
Desempeño profesional	Demuestra iniciativa, es proactivo, muestra interés por realizar bien su trabajo, termina lo que empieza, se involucra en todos los aspectos que se relacionan con su trabajo, acepta sus errores y los corrige, evita cometer los mismos errores				
Trabajo en equipo	Demuestra interés y disposición para trabajar en equipo y promueve las relaciones laborales basadas en el respeto y colaboración con sus compañeros				
Manejo de conflictos	Promueve la comunicación y sabe controlar sus emociones, para propiciar un ambiente de calma para encontrar alternativas y soluciones a los conflictos, conoce la personalidad de quienes trabajan con él y sabe cómo influir de manera positiva en ellos para ayudarlos a actuar con sensatez				
Ambición de crecimiento profesional y metas personales	Demuestra interés por aprender siempre algo nuevo, propone constantemente soluciones, es constante en su preparación académica, por lo general se fija metas y hace lo posible por alcanzarlas				
Habilidades de investigación y desarrollo tecnológico	Demuestra interés por conocer todo lo nuevo que se genera en tecnología, para estar siempre informado y actualizado que aporte una ventaja competitiva, además de proveer a la empresa de mejores herramientas para el desarrollo de las actividades y calidad en el trabajo				
Visión empresarial	Demuestra capacidad para detectar oportunidades de negocio, puede generar estrategias y ventajas competitivas, conoce a la competencia, sus ideas y propuestas son prácticas y con mínimas inversiones y pueden aportar grandes beneficios a la empresa				
		Promedio			
		0.0			

Promedio mínimo aceptable 8

DESARROLLO DE LÍDERES

Si usted es de los que piensa que un jefe debe tener "carácter" y estar siempre de mal humor, una persona enferma de ego que necesita fortalecer su seguridad gritando e infundiendo miedo a sus colaboradores, entonces éste tema no le interesa, porque aquí trataremos el tema desde un enfoque más de un liderazgo con inteligencia emocional, es decir, jefes que saben motivar a sus colaboradores, que les reconocen el esfuerzo y son los primeros en mantener un clima de baja tensión, con lo que se logra elevar el desempeño de todo el equipo de trabajo, pero por alguna razón que yo todavía no logro comprender, los directivos no lo entienden.

Por esa razón, uno de los aspectos más importantes que influyen en el éxito de una empresa, es el tipo de liderazgo con el que actúan los trabajadores con personal a su cargo.

Tener malos jefes, puede derivar en generar desmotivación si es un tipo de liderazgo solamente orientado al resultado, o bien, generar motivación a los trabajadores si es un tipo de liderazgo más orientado a las personas.

En éste sentido, existe una fórmula que en la mayoría de los casos se entiende de forma errónea por los líderes, produciendo un resultado contrario al esperado.

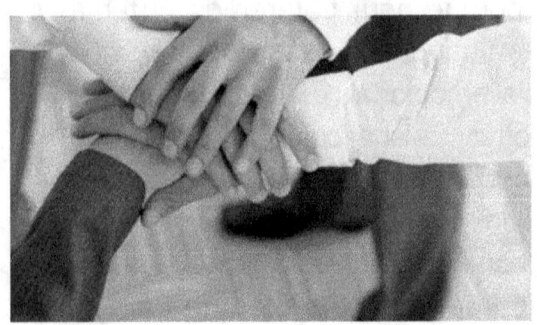

Es la teoría que también se conoce como "Empoderamiento" o "Engagement".

Teoría correcta:

Primero motivar, después exigir (Primero las personas, después el resultado).

Resultado más probable: El trabajador motivado responde de manera favorable y por convicción a la presión y exigencia de resultados.

Teoría incorrecta:

Primero exigir, después motivar (Primero el resultado, después las personas).

Resultado más probable: El trabajador hace el mínimo esfuerzo necesario para cumplir y la motivación posterior, ya no causa el mismo impacto en él.

Por estas razones, es importante crear un programa de desarrollo de líderes que ayude a los trabajadores con personal a su cargo a obtener habilidades básicas de un liderazgo formador (Coach).

Una forma efectiva de dar un seguimiento adecuado al desarrollo de liderazgo de cada jefe, se hace por medio de una Parrilla de Reemplazo y Sucesión, yo la trabajo por medio de semáforos que yo mismo diseñé y que explicaré más adelante en el Capítulo 4.

A continuación, muestro un ejemplo de evaluación de competencias y de desarrollo de habilidades de liderazgo que se realiza por medio de los siguientes puntos:

1. Equilibrio emocional.
2. Toma de decisiones.
3. Liderazgo inteligente.
4. Habilidades de planeación y organización, desarrollo de proyectos.
5. Habilidades de dirección.
6. Habilidades de comunicación.
7. Resolución de problemas.

8. Razonamiento y visión analítica.
9. Creatividad para innovar.
10. Integridad y valores.
11. Desempeño profesional.
12. Trabajo en equipo.
13. Manejo de conflictos.
14. Ambición de crecimiento profesional y metas personales.
15. Habilidades de investigación y desarrollo tecnológico.
16. Visión empresarial.

Las evaluaciones se califican de acuerdo a éstos parámetros:

Sobresaliente / Satisfactorio / Poco satisfactorio / Deficiente

Para analizar el resultado de la evaluación, lo más práctico es hacer una gráfica de circular de rebanadas, que muestre el porcentaje de cada parámetro. Con ésta evaluación, es muy fácil detectar las necesidades de capacitación (D.N.C.) y crear un plan de desarrollo de habilidades de liderazgo, a partir de las áreas de oportunidad detectadas en cada líder.

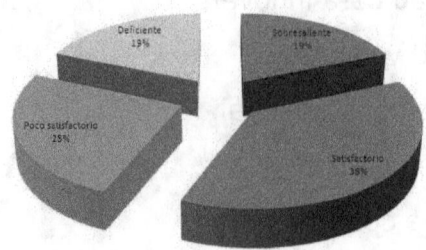

Evaluación de aptitudes

En el ejemplo de la gráfica, se observa que en la evaluación, un líder obtuvo un 19% de calificación deficiente, son las áreas de oportunidad en las que debemos apoyarlo a mejorar para su desarrollo de liderazgo, los puntos en los que obtuvo la calificación deficiente son:

- Resolución de problemas
- Trabajo en equipo
- Ambición de crecimiento profesional y metas

Un buen jefe es el que pasa desapercibido cuando todo sale bien.

Un mal jefe es el que necesita darse a notar, para que el trabajo se haga y casi siempre sale mal.

FORMACIÓN DE EQUIPOS DE ALTO DESEMPEÑO

El mundo empresarial, avanza a un ritmo acelerado, cada vez existe más competencia por atender a un mayor mercado, por lo mismo, también hay en las empresas la necesidad de requerir un desempeño óptimo en todos sentidos, por parte de su capital humano.

De ahí surge el concepto de que los trabajadores deben ser capaces de trabajar de manera organizada y sincronizada con sus demás compañeros, empleando al máximo sus conocimientos, habilidades, talento y experiencia, con la intención de conseguir un objetivo común, donde no existan los esfuerzos individuales, sino la convicción de complementarse cada miembro del equipo y trabajar juntos, cumpliendo cada uno la función que le corresponda, dando fluidez al trabajo.

Contrario a lo que se piensa, la principal característica de un equipo de alto desempeño, es que se debe conformar con personas diferentes, con un objetivo en común y no con la idea que se tiene, de que se debe conformar por personas con las mismas cualidades y fortalezas y mientras más altas mejor.

El objetivo principal de formar grupos de alto desempeño, es la eficiencia y la eficacia durante la ejecución de los procesos que llevan al resultado esperado, pero con un uso óptimo de recursos tanto humanos, materiales y económicos.

FACTORES BÁSICOS DE PERFIL:

Como primer paso, es importante saber cuáles son las características que deben ser detectadas en los miembros de un equipo de alto desempeño, pero entendiendo que no se trata de buscar todas éstas características en todos y cada uno de los miembros, pues ese es el primer error en el que se puede caer.

El ser humano es imperfecto, por lo tanto, de manera natural puede contar con una o con algunas de éstas características, pero es muy dificil que todos cuenten con todas y sobre todo en un alto porcentaje.

La clave es tratar de encontrar personas que de acuerdo con las características que cada uno tenga de las que se mencionan, se puedan acoplar y complementar con las de sus demás compañeros.

Las cartacterísticas necesarias para contar con un equipo de alto desempeño son:

EXPERIENCIA	Puede resolver problemas con más seguridad y sabe encontrar las mejores soluciones, se desenvuelve bien bajo presión.
CONOCIMIENTOS	Sabe qué hacer y cómo hacerlo, empleando las técnicas adecuadas.
HABILIDADES	Puede hacer el trabajo de forma más eficiente y con menos recursos.
TALENTO	Puede contar con poca experiencia o conocimientos, pero puede hacer el trabajo más fácil y rápido que otros.
ACTITUD	Es un facilitador del trabajo, emocionalmente inteligente, manejo adecuado del error, son autocríticos, colaboran y se adaptan al entorno y a las personas.

Misma forma = Fricción

(Todos con las mismas fortalezas)

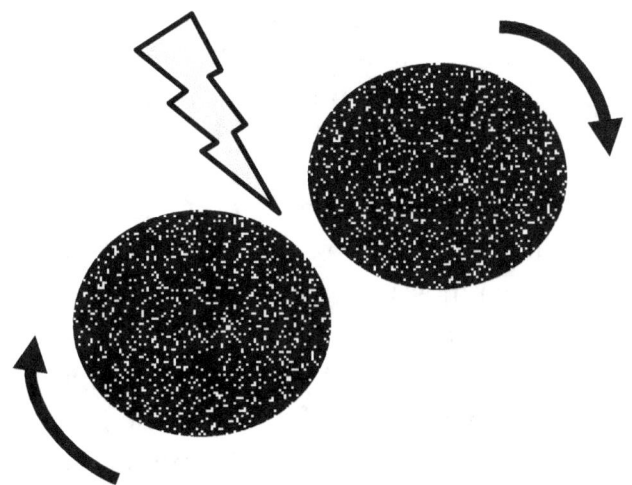

Diferente forma = Desempeño

(Todos con diferentes fortalezas)

De igual forma, la estructura del equipo de alto desempeño, se debe formar a partir de un criterio abierto en el que debemos analizar cuál será la cualidad predominante en cada jerarquía, es decir, que como en cualquier organización, alguien debe ser el líder o el responsable, un sucesor emergente en caso de ausencia del principal y el equipo de trabajo.

Un pensamiento lógico sería nombrar como líder al de más experiencia, pero que pasa si abrimos un poco nuestra visión y pensamos también en otras posibildiades, desde luego todos los miembros del equipo, probablemente tendrán algo de cada uno, pero que pasa si tratamos de seleccionar al que desde nuestro criterio tenga en mayor medida, la cualidad que más puede ser de influencia hacia el equipo de trabajo y lograr mantenerlos motivados y comprometidos a ofrecer su mejor esfuerzo y aprovechar el potencial de cada uno al máximo y entonces sería nombrando al de mayor talento o al de mayor conocimiento o al de mayor habilidad y no cerrrarlo solamente a la idea de que el de mayor experiencia deba ser siempre el líder.

Estructura

Jerarquías:

Líder – Planea, decide, organiza, ejecuta, apoya

Sublíder – Organiza, ejecuta, apoya

Equipo – Ejecuta, apoya

El de mayor experiencia

El de mayor talento

El de más conocimientos

El de más habilidades

Mayor experiencia	Puede ser un líder que sea más tradicional
Mayor talento	Puede ser un líder que aporte innovación
Mayor conocimiento	Puede ser un líder demasiado técnico y sistemático
Mayor habilidad	Puede ser un líder que aporte eficiencia y fluidez

Una de las claves para que un equipo de alto desempeño funcione como tal, son las palabras subrayadas, nótese que en el equipo, sin importar el nivel jerárquico, TODOS ejecutan y apoyan.

Organización:

- Crear una cadena de valor (Procesos)
- Definir quién hace qué (Delegar)
- Definir sistemas de comunicación (juntas formales e informales, correo, circulares, lluvia de ideas, etc.)

La organización es muy importante porque es un factor determinante para la fluidez del trabajo que desarrollarán todos los miembros del equipo, sin una debida organización, se desaprovecharán las cualidades y el potencial de todos y será una de las principales causas para que suceda lo contrario, es decir, un bajo desempeño.

CADENA DE VALOR

La cadena de valor hace referencia a darle forma a los procesos a los que se deberán apegar, para realizar cada uno sus funciones de manera sincronizada y sobre todo, con la correcta fluidez y con un bajo índice de errores o retrasos.

La cadena de valor ofrece también generar un panorama más amplio sobre el punto de partida y el objetivo de cada uno de los procesos a seguir, con lo que es más fácil identificar áreas de oportunidad para mantener una cultura de mejora continua, algo que sin duda es un elemento primordial entre los miembros de un equipo de alto desempeño.

DELEGAR

La palabra delegar está bien entendida por la mayoría de los líderes, pero únicamente en su significado, más no en la práctica, pues mientras no se cambie el concepto de que el líder es el único que sabe cómo se hacen las cosas bien y que el equipo depende de él para analizar todas las situaciones, idear soluciones y tomar decisiones, no podemos hablar de un equipo de alto desempeño, sino de un simple grupo de seguidores en espera de instrucciones.

Para que el equipo funcione y trabaje con alto desempeño, se requiere un líder con la suficiente seguridad en sí mismo y criterio, como para entender que aunque el líder es el responsable de guiar al grupo y que toma las decisiones críticas, es necesario que la responsabilidad sea compartida, por esa razón, el delegar implica ceder un poco en el orgullo y en la necesidad de mostrar una imagen de autoridad, al de una figura de responsable de otras personas a las que debe ayudar a su desarrollo, exigiéndoles superar sus propios límites y desarrollar habilidades y capacidades, y desde luego cierta libertad de decidir y proponer.

Demostrar confianza en las capacidades de cada miembro del grupo por medio de la delegación de responsabilidades, sin que el jefe les diga exactamente lo que tienen que hacer y cómo hacerlo, supone un reto que hace que las personas sientan más el compromiso de responder a esa confianza y así el beneficio es mutuo, tanto para el trabajador, como para la empresa.

COMUNICACIÓN

La comunicación no es más que la forma en la que emitimos y recibimos información en todas las formas que existen en la actualidad, ya sea impresas o electrónicas.

Pero para que exista una adecuada comunicación entre todos los miembros del equipo, es importante tener en cuenta primero que debemos ocuparnos por optimizarla en todos los elementos que la conforman:

- Qué comunicar
- Cómo comunicarlo
- A quién comunicarlo
- Cuándo comunicarlo
- Para qué comunicarlo

Desde luego el líder tiene la mayor parte de responsabilidad de establecer los medios y el tipo de información que se compartirá, pero debe ser para todos, si alguien se llega a sentir excluido, perderá fácilmente la confianza en el líder y en el grupo y por consiguiente, la motivación y la actitud necesaria para trabajar con alto desempeño, pero también la tienen cada miembro del equipo, pues nadie puede tener una actitud distinta en ningún momento, ya que eso debilitará al grupo como equipo.

Reglas básicas de trabajo:

- Código de Ética interno
- Manejo del error (bitácora)
- Dar fluidez al trabajo en equipo
- Ser facilitadores
- Colaboración
- Reconocimiento
- Actitud positiva
- Menos crítica y más propuestas

Cualquier conjunto de personas que se reúnen para unir fuerzas y generar así una sola fuerza que empuja hacia un mismo sentido, deben ser conscientes que para que funcione de manera fluida y sincronizada, es imprescindible establecer reglas básicas que todos y cada uno estén totalmente convencidos y dispuestos a apegarse a dichas reglas, de manera sistemática y disciplinada.

Las reglas pueden abarcar muchos factores, pero principalmente, factores que tienen que ver con la actitud y comportamiento adecuados y que todos los miembros se mantengan así, aún en circunstancias desfavorables, pues es ahí donde justamente se demuestra si es un equipo de alto desempeño o un simple grupo de personas tratando de hacer el trabajo todos juntos, pero sin el resultado esperado.

CÓDIGO DE ÉTICA INTERNO

Establecer un mismo criterio para todos sobre los valores que deberán prevalecer en el equipo, es decir, siempre hacer lo correcto, aun cuando nadie más los vea.

MANEJO DEL ERROR

Es una de las circunstancias que más daño puede causar en la confianza del equipo, pues un mal manejo del error tanto por parte del líder, como de los miembros del equipo, impacta en la confianza en sí mismos, en la confianza hacia los compañeros, en la motivación, en la comunicación, en el reconocimiento y por supuesto, en el logro de los objetivos.

El error es una condición humana, es imposible erradicarlo por completo, por eso la importancia de darle un manejo inteligente, que sirva de aprendizaje y que refuerce la confianza, en vez de ser un detonante de conflictos en los que todos buscan desviar la atención, culpar a otros y salvar su imagen.

FLUIDEZ AL TRABAJO

Las personas que cumplen una función, dan continuidad a un proceso y complementan el trabajo de los demás para que en conjunto, se vuelva un trabajo en equipo, requiere de personas dispuestas a que desde el cumplimiento de su propio trabajo, faciliten el trabajo de los demás, en vez de esperar a que los demás se lo faciliten, pues es el primer error de actitud que corta los circuitos de la fluidez y el correcto desenlace de los procesos.

COLABORACIÓN

No existe algo más noble que alguien dispuesto a poner a disposición del grupo, su experiencia, conocimientos y habilidades, para ayudar a que todos aprendan y crezcan un poco en cada experiencia o dificultad que haya que enfrentar como equipo de alto desempeño.

Es fácil caer en el error de actitud de querer sobresalir y a la necesidad de demostrar que se es más capaz o más inteligente que los demás, sin ponerse a pensar que con eso se destruye una de las principales cualidades de un equipo de alto desempeño, que es la humildad y sencillez de saber que ninguno es más importante que los demás, ninguno es más inteligente que los demás, porque todos son diferentes y aportan algo diferente, para que así brille todo el grupo como equipo y no como estrellas individuales.

RECONOCIMIENTO

El poder del reconocimiento es inmenso cuando se practica con sinceridad y sobre todo de manera espontánea. Es el alimento del alma y lo que puede catapultar la motivación de una persona a dar su máximo esfuerzo en todo momento, por el simple hecho de saberse importante y que su trabajo contribuye de gran manera en el trabajo en conjunto.

Si entre los miembros de un equipo se crea la costumbre y la cultura del reconocimiento mutuo, se estará dando un paso muy grande para la consolidación de un equipo de alto desempeño.

Es lamentable darnos cuenta que a todos nos cuesta trabajo reconocer a nuestros compañeros, quizá por envidia, por orgullo o incluso inseguridad, pero es necesario aprender a superar esa manera de pensar, si se quiere formar parte de un equipo de alto desempeño.

MENOS CRÍTICAS Y MÁS PROPUESTAS

He escuchado muchas veces que es más fácil destruir que construir y es cierto, por eso me imagino que también para muchas personas, es más fácil criticar que proponer, cuestión de criterio o de cultura o incluso hasta de educación, pero lo cierto es que si un miembro del equipo rompe la armonía con ésta actitud, deberá ser invitado a reflexionar y cambiar de actitud y de continuar de la misma manera, el líder tendrá que decidir si permite esa descompostura en el grupo o la corta de tajo reemplazando a ésta persona, por otra con la actitud requerida.

El proponer antes que criticar, demuestra compromiso e interés por hacer bien el trabajo y la intención de desarrollar la creatividad y ponerla al servicio del grupo en la mejora continua.

Planeación:

- Definir metas y objetivos
- Definir estrategias y plan de trabajo
- Establecer calendario de actividades
- Evaluación, medición, seguimiento

El hábito de planear, ayuda de gran forma a que el trabajo sea más fácil de realizar, pues no solamente es el primer paso de la organización, sino que también es la mejor manera de aprovechar al máximo los recursos materiales, económicos y de capital humano.

Un equipo de alto desempeño no se compone por seres superdotados, se compone por personas que se amoldan y se complementan para compensar las debilidades de cada uno y potenciar las fortalezas.

7 DIFERENCIAS
ENTRE UN GRUPO Y UN EQUIPO

GRUPO VS. EQUIPO
↓ ↓

GRUPO		EQUIPO
Actitud pasiva frente al conjunto	1	Contribución alta y proactividad
Individualismo	2	Interdependencia
La confianza es accesoria	3	La confianza es un pilar fundamental
Se compite y se busca destacar	4	Se coopera y se busca pertenecer
Los conflictos se evitan para proteger al grupo	5	Los conflictos se afrontan y resuelven para que el equipo crezca y sea sólido
Se limita la aportación de ideas y la crítica	6	Se potencia la aportación de talento, ideas y sugerencias de mejora
El foco está en no perder	7	El foco está en aprender, ganar y crecer

Capítulo 3

Capacitación

HERRAMIENTAS DE D.N.C.

No se necesitan complejas estrategias para detectar necesidades de capacitación, ni perder tiempo haciendo encuestas.

La mejor manera de saber qué trabajadores necesitan capacitación y en qué requieren esa capacitación, es usar las mismas herramientas de gestión del Capital Humano.

En éste libro, analizamos 13 herramientas que sirven como D.N.C.:

1. Análisis de actividades por departamento.
2. Parrilla de Reemplazo.
3. Cédula de Descripción de Puestos.
4. Valuación individual.
5. PACUM - Programa Anual de Cumplimiento de Metas.
6. Plan de vida y carrera.
7. Capacitación.
8. Liderazgo del tipo Coach.
9. Programa de Mentores.
10. Aplicación de KPI's.
11. Creación de equipos de alto desempeño.
12. Evaluación de desempeño.
13. Evaluación 360°.

CAPACITACIÓN VIRTUAL (E-LEARNING)

En la actualidad vivimos una época de constantes cambios y la capacitación es un factor importante para poder mantenernos al paso de todos esos cambios y ser competitivos.

Los cursos únicamente presenciales, pueden no ser una opción viable para todas las empresas, tanto por tiempo como por recursos insuficientes.

Ahora la tecnología nos permite recibir proporcionar capacitación en cualquier momento y en cualquier lugar y lo mejor de todo, a un menor costo para la empresa.

La idea es crear un sistema interno de capacitación en línea, para todos los trabajadores a un muy bajo costo para la empresa.

Ofrecer al personal un plan de capacitación constante, es una de las estrategias de retención de talento que debemos implementar, es muy importante para el buen funcionamiento de la empresa, además de generar motivación y compromiso en los trabajadores, pues se les apoya en su desarrollo profesional.

Es muy importante que los directivos entiendan que es necesario adoptar medidas pensadas en generar beneficios sin grandes cantidades de inversión y una forma es ésta propuesta de crear un sistema de capacitación el línea accesible para todos los trabajadores, sin la limitante del tiempo y el lugar y adaptable al ritmo de cada participante, únicamente se requiere contar con un equipo de cómputo con conexión a Internet y ganas de aprender.

Una forma de hacer esto posible, es con el apoyo de los mismos trabajadores que cuenten con una amplia experiencia y conocimientos en los temas propuestos para el catálogo de cursos, únicamente se les explica la estructura que debe llevar el curso y generar los temas, en ésta opción no se generaría ningún gasto, (a menos que la empresa considere pagar una cantidad al trabajador que genere contenido para un curso como agradecimiento y sería la única inversión).

Además de un buen equipo de desarrolladores, para crear la estructura.

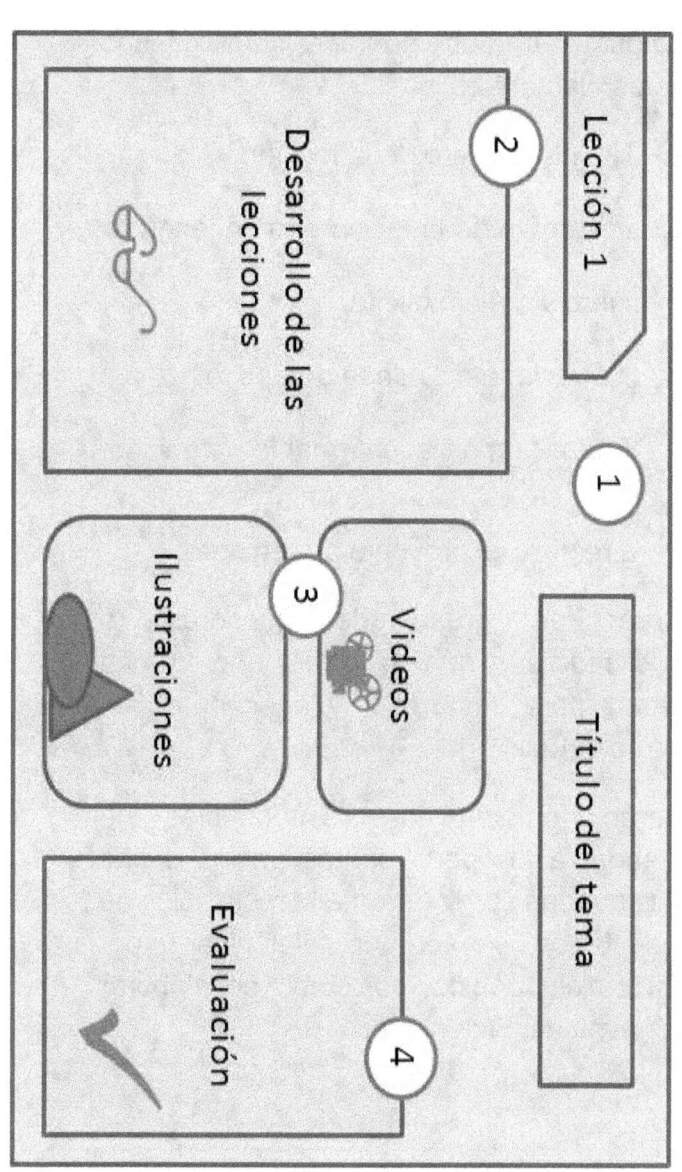

La estructura debe contener como mínimo éstos elementos:

1. Título y número de la lección.

2. Desarrollo de la lección en un lenguaje ligero y muy explícito.

3. Ilustraciones y videos de apoyo.

4. Evaluación para reafirmar lo aprendido.

Para realizar el proyecto se requiere:

Crear un grupo de asesores (o publicadores) que elegirán uno o dos temas para desarrollar y adecuar en un curso virtual.

Serán también los responsables de atender a los participantes en las dudas que puedan surgir durante la realización de los cursos, ya sea vía telefónica o por correo electrónico, así como de elaborar las evaluaciones.

Estructura requerida:

- Página WEB.
- Aplicación con control de acceso y módulos.
- Bases de datos.
- Catálogo de cursos.

El catálogo se dividirá en categorías según las necesidades de la empresa, clasificados por clave y nivel de dificultad.

El área de Recursos Humanos es la responsable del control de los cursos, en conjunto con el área de sistemas que apoya en el soporte de la aplicación.

Los cursos se dividen en módulos y se debe completar cada módulo para poder avanzar al siguiente.

Al seleccionar un tema, se abre una nueva página con el desarrollo, el participante deberá leer la información y realizar las prácticas solicitadas.

Al finalizar cada módulo, el participante realiza un evaluación y la calificación se guarda en el sistema y quedará registrada en su historial de cursos tomados y aprovechamiento, el participante no puede alterar el resultado y el jefe directo puede consultar las calificaciones o bien, recibir un correo de notificación, tanto del avance como del resultado de las evaluaciones.

Proceso de solicitud de curso y registro:

El jefe directo del trabajador ingresa al sistema con su usuario y clave, y solicita un curso virtual para uno o más de sus trabajadores.

El sistema registra la solicitud y envía una alerta a Recursos Humanos.

Recursos Humanos revisa el historial de cursos tomados por el trabajador y su nivel de aprovechamiento, para proceder a darle acceso al curso nuevo.

Recursos Humanos solicita al administrador del sistema, la generación de un usuario y clave para nuevo curso y envía los datos de acceso al trabajador vía correo electrónico con copia al jefe directo, para que pueda iniciar el curso.

Normatividad:

El acceso es controlado por una clave asignada a cada participante y se desactiva al momento de terminar el curso y realizar la evaluación.

La aplicación permite guardar el avance y continuar en otro momento.

Al término de cada módulo, se realiza una evaluación de lo aprendido con preguntas de opción múltiple y el resultado se guarda en un acumulado que se promedia al finalizar el curso.

El curso se desarrolla con pantallas secuenciales con algunas funciones interactivas, entre la aplicación y el participante.

El avance y el resultado de las evaluaciones pueden ser consultadas por el jefe directo o el director del área a la que pertenece el participante.

El participante que no culmine de forma adecuada la capacitación, se analizan las causas y se determina si el participante pierde la oportunidad de repetir el curso, o bien, darle la oportunidad, pero ya con un costo que será cubierto por el participante.

No hay límite de cursos por participante, siempre y cuando sean autorizados por el jefe directo, el director del área y el visto bueno del departamento de Recursos Humanos.

El alumno que acumule dos cursos seguidos con evaluación no satisfactoria, deberá esperar un lapso de 6 meses para poder tomar otro curso.

La fecha límite para terminar cada curso se especifica en el Catálogo de Cursos.

Evaluación de Desempeño

Realizar ésta actividad es muy útil para varios aspectos como:

- Detectar necesidades de capacitación (D.N.C.).
- Detectar al personal que destaca y sea merecedor de un reconocimiento.
- Detectar personal con bajo rendimiento con dos posibilidades, que se le apoye durante un tiempo razonable para que mejore, o bien, se considere como posible baja.

Se recomienda realizar la evaluación en una sola sesión para todo el personal de la empresa y puede ser mensual, trimestral o semestral.

Para que la evaluación cumpla el objetivo, es necesario entender que no se debe realizar simplemente como una forma de calificar a una persona y determinar si funciona o no, hacerlo desde éste enfoque, ocasionará sentimientos de injusticia y poca objetividad y lo más probable es que no se logre el objetivo de que el personal mejore su desempeño.

Se debe hacer desde un enfoque de obtener información para saber cómo apoyar al personal en sus áreas de oportunidad, hacerlo así causará un impacto positivo en la motivación y compromiso del trabajador evaluado al darse cuenta que la evaluación sirve para ayudarlo y no para juzgarlo.

El proceso de evaluación de desempeño, puede realizarse de la siguiente manera:

- Crear el calendario de fechas de evaluación.

- Informar con por lo menos una semana de anticipación a los responsables de evaluar al personal a su cargo.
- Realizar la evaluación dentro de un período máximo de 15 días.
- El responsable de evaluar, se reúne con cada uno de los trabajadores que evaluó para una retroalimentación, fijar acuerdos y compromisos derivados del resultado y de las áreas de oportunidad del trabajador.
- El área de Recursos Humanos, concentra todos los resultados y elabora las gráficas de estadísticas junto con un informe que se entrega a cada dirección o bien, a la Dirección General, para su análisis y toma de decisiones.

A continuación se muestra un ejemplo de un formato de evaluación de desempeño y la forma de calificar e interpretar:

EVALUACIÓN DE DESEMPEÑO

Nombre:			Puesto:				
Fecha de ingreso:		Departamento:				Fecha:	
Escala de evaluación	Bajo desempeño			Alto desempeño			Calific.
	1- Deficiente	2- Aceptable	3- Bueno	4- Excelente			
Factor personal			1	2	3	4	Calific.
Responsabilidad compromiso y disciplina	Muestra interés por cumplir con su trabajo con un alto grado de calidad, sin retrasos y de las formas establecidas, sin necesidad de mucha supervisión			X			2
Actitud	Muestra un comportamiento positivo y total disposición a resolver y/o evitar conflictos				X		3
Colaboración	Muestra total disposición en aplicar sus conocimientos, experiencia y habilidades, no solamente en el desempeño de sus responsabilidades, también para apoyar a sus demás compañeros a realizar mejor su trabajo. Es un facilitador del trabajo.		X				1
Adaptabilidad	Muestra capacidad de integración a un equipo de trabajo y capacidad de apegarse fácilmente a formas distintas de trabajo y ambientes.				X		3
Discreción	Demuestra conciencia en el manejo de la información confidencial o crítica, aplicando el criterio.					X	4
Iniciativa	Muestra capacidad de detectar una situación que se puede resolver y la intención de hacerlo, aplicando el criterio y la experiencia y con la conciencia de no poner en riesgo los intereses de la empresa.			X			2
Respeto a las reglas y políticas que rigen la empresa	Muestra disposición por apegarse a las reglas, políticas, Código de Ética y toda la normatividad establecida por la empresa, para ser cumplida por el trabajador.					X	4
Factor técnico			1	2	3	4	Calific.
Conocimientos y habilidades	Muestra contar con los conocimientos, habilidades y experiencia que se requieren para el desempeño de sus actividades.				X		3
Innovación y visión analítica	Muestra contar con la suficiente capacidad creativa y habilidad analítica para encontrar mejores formas de hacer su trabajo y hacer más eficiente el uso de los recursos humanos, materiales y económicos.			X			2
Resultados	Muestra clara orientación a resultados, con fuerte habilidad de planeación y organización, así como la definición de objetivos y la determinación de realizar el esfuerzo necesario hasta cumplirlos.				X		3
Capacitación y desarrollo	Muestra interés por mantenerse competitivo, investigar y no dejar de aprender de sus superiores y sus compañeros. Así como el cabal aprovechamiento de la capacitación proporcionada por la empresa y la aplicación de lo aprendido en el desempeño de su trabajo, para obtener mejores resultados, en beneficio de la empresa.					X	4

Acuerdos y compromisos:

_____   _____ | 2.8 |
Nombre y firma del evaluador   evaluado | Resultado |

La calificación se obtiene por sumar las calificaciones y dividirlas entre los 11 factores.

En el ejemplo observamos que el resultado es 2.8

Para determinar en qué nivel se encuentra el trabajador evaluado, nos podemos basar en la siguiente tabla:

Desempeño bajo	Desempeño regular	Desempeño alto	Desempeño sobresaliente
1- Deficiente	2- Aceptable	3- Bueno	4- Excelente
1.0 a 2.0	2.1 a 2.9	3.0 a 3.5	3.6 a 4.0

Lo que significa que el trabajador se encuentra dentro del Bloque "DESEMPEÑO REGULAR" y dentro del Rango "ACEPTABLE", sin embargo se encuentra muy cercano al Desempeño Alto, por lo que con el apoyo necesario de parte de su jefe y el departamento de Recursos Humanos, puede lograr subir de rango en los próximos meses.

INDICADORES DE DESEMPEÑO

(KPI)

KEY PERFORMANCE INDICATOR

Los Indicadores de desempeño, se emplean como unidad de medida, para determinar variables de resultados.

Éstas variables de resultados, se traducen en indicadores de alto o bajo desempeño.

Los indicadores pueden ser de distinta naturaleza:

Para medir tiempo, uso de recursos, ciclos de procesos, volumen de ventas, volumen de producción y cualquier otro dato cuantitativo que arroje cifras.

Características:

1. Deben medir aspectos objetivos

    Se refiere a que deben medir cuestiones reales y cotidianas de trabajo, que son realizadas regularmente y no a cuestiones imaginarias de ideales sin fundamento o que no existan las condiciones tanto por estructura o por recursos, para poder ser realizadas.

2. Tienen que ser unidades de medida realistas

    Ante la necesidad permanente de aumentar la productividad y por ende, los ingresos, es muy fácil querer exigir altos estándares de desempeño, usando como parámetros medidas muy altas, la mayoría de las veces muy difíciles de alcanzar para los trabajadores.

    Eso es un grave error porque acarrea múltiples consecuencias, entre las principales son el pronto desánimo y mucho sentimiento de frustración por no lograr metas demasiado altas, pues eso les impide poder experimentar la sensación de éxito que si se logra al poner metas más accesibles, por lo tanto el secreto es elevar las metas a indicadores más fáciles de alcanzar, pero con mayor frecuencia, así la sensación de éxito es continua y mantiene la motivación y el compromiso siempre al máximo.

3. Aportar información relevante

Lo más recomendable es que se trabaje con datos cuantitativos, que muestren una variación, ya sea de aumento o disminución, dependiendo la fórmula y lo que se pretende modificar como mejora.

Los datos cualitativos también pueden ser medidos con KPI´s pero serán datos un tanto superficiales o subjetivos, porque pueden variar en cualquier momento y no necesariamente por el trabajo desempeñado, sino por circunstancias ajenas o externas.

4. Deben tener una continuidad en el tiempo

El objetivo de medir el desempeño de una persona, grupo o una actividad en específico, es lograr una variación del resultado orientado a la mejora, por lo tanto debe ser un ejercicio constante de análisis y evaluación, pues de eso depende que se obtenga el resultado esperado de mejorar el desempeño.

Si se realiza una sola vez o con poca frecuencia, no alcanzará la fuerza como poder influir en el esfuerzo y compromiso de los trabajadores para superar los límites y elevar el desempeño.

En el siguiente ejemplo, podemos observar que se emplean 5 indicadores para cada una de las etapas en el proceso de venta, de un ejecutivo encargado de realizar ventas por teléfono.

El KPI – 1:

Calcula el porcentaje de efectividad de llamadas realizadas contra las llamadas recibidas, significa que de 300 llamadas realizadas por parte del ejecutivo de ventas, solamente le contestaron 120, por lo que el porcentaje de efectividad es del 40%.

Esta información aún no nos dice mucho, porque es necesario analizar todo el proceso, para realmente tener el panorama completo y saber en dónde está realmente el problema a corregir o los aspectos a mejorar.

El KPI – 2:

Calcula el porcentaje de efectividad entre las llamadas recibidas y las promesas de venta, es decir, clientes que realmente se han interesado en comprar, de 120 llamadas recibidas, las posibles ventas son de 70, lo que significa que el porcentaje es de un 58% de efectividad.

El KPI – 3:

Calcula el porcentaje de ventas confirmadas por medio de una factura, de 70 posibles ventas, únicamente se formalizaron 25, lo que indica un 35% de efectividad.

El KPI – 4:

Calcula el porcentaje de las facturas pagadas contra las pendientes de pago, 20 facturas pagadas de 25 en proceso de cobro, lo que indica un 80% de efectividad.

EL KPI – 5:

Que indica de forma global y en números fríos, el porcentaje de efectividad de las 300 llamadas realizadas al principio, contra el total de ventas con pago confirmado al final del proceso.

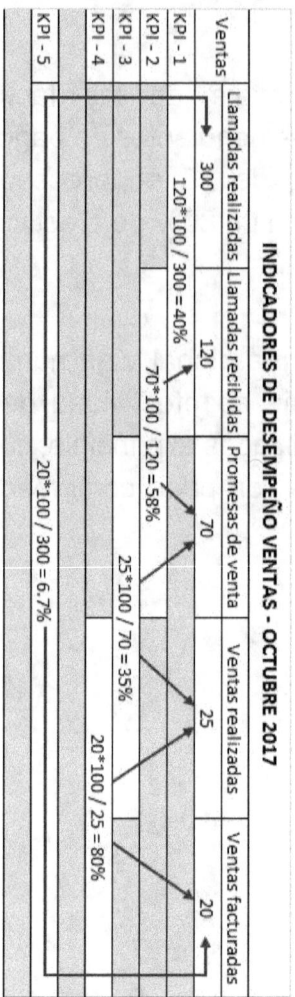

Para que el verdadero objetivo de los indicadores de desempeño se cumpla, se debe saber analizar los resultados con la suficiente objetividad y eso significa no enfocarse solamente en el resultado, ahí radica la utilidad y el beneficio de emplear ésta técnica.

Por lo tanto, si quien tiene que analizarlos, es un jefe con poca visión y poca capacidad de análisis, estamos hablando de un jefe sin las habilidades elementales de liderazgo, es decir, que se basará únicamente en el KPI – 5, que es un resultado global; un resultado frío de un 6.7% de efectividad, que supondría un desempeño bajo. Pero desde ahí ya se está cometiendo el error de no analizar de manera más objetiva cada secuencia del proceso, pues el problema puede estar en cualquiera de estas fases y no únicamente en la última.

Esto quiere decir que un jefe así y de acuerdo a sus limitaciones de liderazgo, normalmente tomaría el camino fácil, de exigir por exigir sin fundamento, pues para él la solución sería "trabajar más", en vez de analizar dónde está el problema y buscar la forma de "trabajar mejor", o sea que lo único que se le ocurriría sería pedirle al trabajador evaluado, que aumente el número de llamadas, pensando que así generaría más ventas.

Pero nada más equivocado que eso y vamos a ver porqué, y aquí es donde se podrá ver la utilidad de usar indicadores de desempeño.

La metodología que yo propongo para emplear indicadores de desempeño, es la siguiente:

Lo primero que se requiere es obtener la información que servirá como referencia para definir los objetivos de mejora.

1- Obtener datos de referencia

Lo adecuado es basarse en datos cuantitativos, es decir, cifras reales y medibles.

Por ejemplo: Cantidades totales, porcentajes, resultados de fórmulas, etc.

2- Definir rangos de mejora

A partir de los datos de referencia obtenidos, se obtiene la referencia de la que se parte para establecer una variación que dependiendo la naturaleza del objetivo, será una variación creciente o decreciente.

Un ejemplo de un objetivo cuya variación deba ser creciente, es en el caso de aumentar las ventas, mientras que un objetivo cuya variación deba ser decreciente, sería el caso de disminuir gastos o disminuir costos.

3- Idear y analizar alternativas para establecer rangos de mejora

Una vez establecidos los rangos de mejora y las metas a cumplir, se analizan las alternativas más adecuadas, pues es aquí donde se aplica el criterio y el sentido común, tomando en cuenta todas las posibilidades que involucran disponibilidad de tiempo, recursos materiales, estructurales, económicos y desde luego de capital humano.

4- Visualizar y prevenir riesgos en la ejecución

Descifrar posibles obstáculos que puedan complicar la ejecución de las alternativas planeadas, ayuda en gran medida a elegir desde el principio, las acciones con más posibilidades de causar el impacto esperado de variación y al mismo tiempo, ir descartando las alternativas que pudieran provocar dificultades.

5- Definición del tiempo límite de cumplimiento de la variación o meta

Este aspecto es muy importante porque es donde se establece y se indica al trabajador, el tiempo en el que deberá lograr la variación, pero es muy importante tener en cuenta que debe ser un tiempo razonable de acuerdo a la complejidad y acciones a seguir, pues éste ese el punto crítico donde se puede correr el riesgo de exigir tiempos demasiado largos que generen tensión ya que eso crea fricciones y disminuye el grado de desempeño y provoca también, que al final no se logren las metas y esto genere en el trabajador un sentimiento de angustia y en el jefe un sentimiento de frustración que termina por crear un conflicto entre ellos, que en nada ayuda a impulsar la mejora que finalmente es el objetivo y todo por no emplear el criterio desde el principio.

Por lo tanto, será más culpable el jefe que el trabajador, aunque sabemos que normalmente el jefe culpará al trabajador como un elemento con bajo desempeño y de ahí todas las consecuencias que ya conocemos.

Por eso es importante que los jefes desarrollen habilidades de liderazgo, pero sobre todos que sean capaces de aplicar el criterio y el sentido común, para no exigir de manera arbitraria y poco objetiva.

EJEMPLO DE APLICACIÓN DE UN KPI

En la TABLA 1.1, se muestra un ejemplo de aplicación y tomando como base los porcentajes obtenidos de cada indicador, llevaremos a cabo ésta metodología.

La primera columna, muestra cada indicador por número o puede sustituirse por algún nombre representativo, que describa la fase o actividad.

La segunda columna, muestra las variaciones establecidas como metas de mejora a cumplir, se puede observar que como dijimos al principio, las metas deben ser objetivas y alcanzables, pues establecer rangos demasiado altos, puede provocar desmotivación al trabajador, de ahí la importancia de establecer rangos de variación si con cierto grado de dificultad, pues se trata de un reto a superar lo ya logrado, pero dentro de lo razonable, para que el trabajador experimente la sensación de éxito, porque será uno de los factores principales para que mantenga la motivación de seguir esforzándose en elevar su desempeño y lograr las metas.

La tercera columna, es donde se vierten todas las alternativas de acuerdo a la posibilidades que el trabajador puede emplear para lograr la variación, aquí se aconseja realizar una reunión del responsable del departamento o área con todo su equipo de trabajo y hacer una lluvia de ideas entre todos y no cometer el error de muchos jefes o directores, de querer analizar y tomar las decisiones solamente entre ellos, esas prácticas ya pertenecen a una cultura laboral obsoleta, donde el trabajador operativo, no es tomado en cuenta.

Lo adecuado es involucrar al personal a que participe en las propuestas y en las decisiones, eso ayuda a que todos entiendan la importancia de elevar su desempeño y sentirán realmente el compromiso y la motivación de cumplir las metas.

La cuarta columna, es una parte muy importante porque es ahí donde se descartan las alternativas que ofrezcan más obstáculos e impidan el avance y elegir las que ofrezcan menos obstáculos, para así asegurar el cumplimiento de los objetivos lo más posible, pero sobre todo con menos tensión.

De igual manera, se recomienda hacerlo dentro de la misma dinámica de la reunión de lluvia de ideas con la participación de todos.

Como ya mencioné anteriormente, el objetivo de emplear indicadores, no es para trabajar más, sino para trabajar mejor, pues esa es la mejor definición de elevar el desempeño.

Por lo tanto, una vez analizada la información de la tabla, tendremos las suficientes bases para saber en qué fase o fases, es posible elevar el desempeño y que eso impacte e influya en las demás fases para lograr la variación del resultado final, que finalmente, sabemos que es el que cuenta.

Pero lo que aquí se demuestra, es que para cambiar el resultado final, no se trata de exigir más trabajo, porque eso también implica mayor gasto de recursos y tiempo.

Elevar el desempeño, no es desgastarse más y trabajar en un clima tenso y al final obtener el mismo resultado. Más bien se trata de volverse más eficiente, haciendo lo que ya se hace y con los recursos con los que se cuenta.

Y por último, para cerrar con éxito todo el proceso, es muy importante tener en cuenta que para los que hayan cumplido las metas o se hayan acercado mucho a ellas o incluso las hayan superado, se deben reconocer tanto en público como en privado y debe ser considerado como parte fundamental del proceso, el reconocimiento ofrece muchos beneficios tanto a la empresa en la productividad, como al trabajador, pues refuerza la confianza en sí mismo, mantiene la motivación, siente más interés por involucrarse en los problemas de la empresa y cómo ayudar a corregirlos, el deseo de mejorar y crecer profesionalmente, etc.

TABLA 1.1

	Objetivo	Alternativas	Posibles problemáticas
KPI - 1	Lograr un 50% de llamadas recibidas	Realizar más de 300 llamadas	De las 8 horas de trabajo diarias, solamente disponen de 4 horas para hacer llamadas
		Cambiar de horarios para realizar llamadas	Se dispone de un horario de 9 a 6 de la tarde
		Definir nivel jerárquico de las personas buscadas	Se intenta negociar con quienes no toman las decisiones
KPI - 2	Lograr un mínimo de 70% de promesas de venta	Mejorar "speach" de promoción	El texto ya se ha modificado varias veces
		Utilizar la técnica del género opuesto	Existe poco personal masculino disponible para realizar llamadas
		Remover cartera de clientes en mayor proporción	Falta personal de ventas
		Revisar ofertas o promociones	Existen límites para ofrecer promociones atractivas
KPI - 3	Lograr un 50% de ventas realizadas	Analizar y mejorar las estrategias de seguimiento	Medios de comunicación insuficientes o deficientes, falta personal de ventas
		Capacitación en habilidades de negociación o persuasión	Falta tiempo o presupuesto para capacitación formal
KPI - 4	Lograr un 90% de ventas facturadas	Analizar y mejorar las estrategias de seguimiento	Medios de comunicación insuficientes o deficientes, falta personal de ventas
		Capacitación en habilidades de cobranza	Falta tiempo o presupuesto para capacitación formal
KPI - 5	Lograr un 10% de Efectividad llamadas/ventas		

La manera más fácil de analizar las variaciones es representarlas en una gráfica con los períodos requeridos, como el ejemplo de la GRAFICA 1.1, eso ofrece un panorama completo de si realmente se han cumplido los objetivos o no y de ahí partir para generar las estrategias de ajuste, pues esto es un ciclo constante que no se detiene y si no se cumplen los objetivos, habrá que modificar criterios hasta logar los objetivos establecidos, es decir, se requiere valor para intentar, pero también valor para aceptar el error y seguir intentando con la misma intensidad.

GRAFICA 1.1

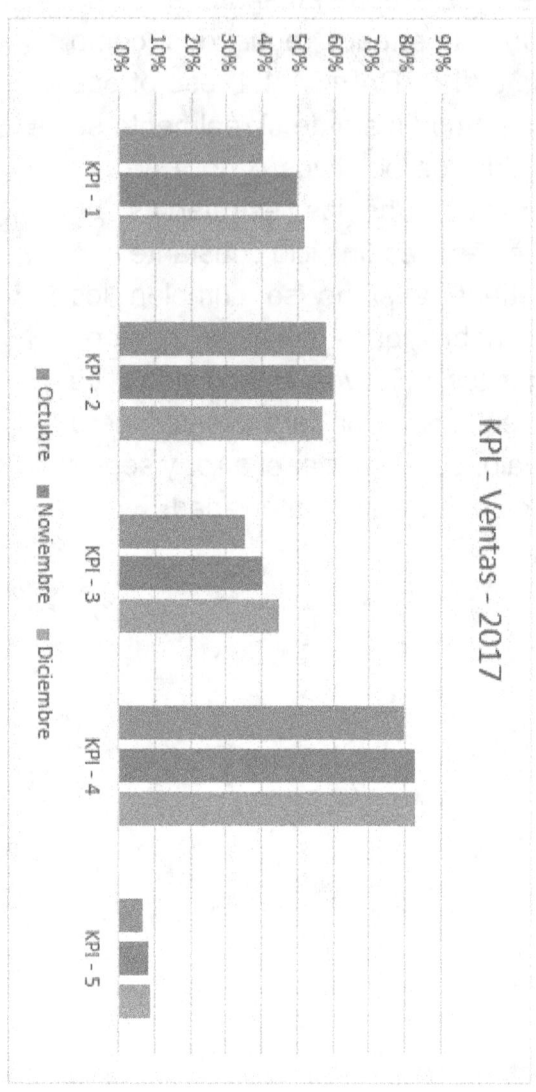

INDUCCIÓN A LA EMPRESA

Es la forma más efectiva de recibir a trabajadores de recién ingreso, pues ese el momento justo para causar en ellos un impacto positivo que de manera inmediata, les genera un sentimiento de orgullo, de pertenencia y estimula la motivación por empezar a trabajar.

La actividad debe tener una estructura que abarque varios aspectos como:

- Breve historia de la empresa.

- Principales actividades.

- Ubicación de oficinas y sucursales en caso de existir.

- Misión. Visión y Valores.

- Estructura orgánica (organigrama de direcciones y sus departamentos).

Aspectos laborales como:

- Horarios y sanciones por incumplimiento.
- Formas de pago de nómina.
- Prestaciones.
- Beneficios.
- Restricciones.

Es importante que se utilicen medios audiovisuales para hacerlo más atractivo y que no llegue a aburrir a los trabajadores, entre los aspectos visuales es muy recomendable utilizar fotografías de los trabajadores lo más espontáneas posibles, que reflejen un buen ambiente laboral.

El uso de videos con entrevistas a los trabajadores que ya tienen cierta antigüedad en la empresa, sobre cómo se sienten trabajando en la empresa y lo que más les gusta, eso fortalece la imagen de la empresa que desde ese momento se puede estar creando el trabajador nuevo y es muy importante lograr que se forme una buena imagen de la empresa desde ese momento, ya que iniciará con una dosis mayor de motivación.

En Internet podemos encontrar innumerables ejemplos de las grandes empresas y cómo son sus materiales audiovisuales de inducción y de ahí partir para desarrollar nuestras propias ideas.

Una estructura básica recomendable será así:

Tema	Fondo / imagen	Voz	Duración aprox
Introducción	Logotipo y nombre de la empresa	Menciona el nombre de la empresa y sus características más importantes	10 segundos
Historia de la empresa	Fotografías de los inicios, trabajadores, edificios, etc.	Menciona cómo empezó la empresa	30 segundos
Nuestra gente	Fotos actuales de trabajadores, gente trabajando	Menciona algunas cualidades de la gente que trabaja en la empresa: gente preparada, comprometida, con valores, etc.	30 segundos
Nuestra gente habla	Toma de trabajadores hablando	Menciona su opinión de trabajar en la empresa, un trabajador operativo y un director de área	Dos personas - 10 segundos cada una
Lo que hacemos	Fotos actuales: personas, logotipos, oficinas, productos, marcas, etc.	Menciona los servicios y productos que se ofrecen, las marcas, socios estratégicos, etc.	1 minuto
Los logros	Fotografías de gente trabajadores haciendo alguna actividad	Describe algunos logros de la empresa	30 segundos
El futuro de la empresa	Fotografías de gente trabajando, lugares, máquinas, etc.	Menciona algunos proyectos a largo plazo de la empresa	30 segundos
Bienvenida	Logotipo de la empresa	El video acaba con una frase corta de bienvenida como: "Bienvenido al apasionante mundo de... (menciona el giro de la empresa)"	10 segundos

Duración: 3 minutos y 30 segundos

Incluye imágenes y voz de fondo

PROGRAMA ANUAL DE CUMPLIMIENTO DE METAS (PACUM)

Es un sistema de evaluación y seguimiento, que mide el grado de alcance de metas y objetivos por departamentos, con revisiones programadas ya sea mensual, bimestral, trimestral o semestralmente.

Cada responsable de un área o departamento, deberá especificar sus metas u objetivos a cumplir durante el siguiente año, pueden ser proyectos, niveles de ventas, nuevos mercados, nuevos productos o cualquier actividad que requiera un seguimiento hasta su consecución.

Ésta actividad permite cumplir varios objetivos como:

- Obtener información real sobre el desempeño de cada departamento.
- Detectar necesidades de capacitación (D.N.C.).
- Generar KPI's basados en los resultados de avance.
- Elevar la productividad.
- Generar disciplina y cultura de compromiso.
- Determinar requerimientos del personal, para el desarrollo de sus actividades y que no sea un impedimento para el logro de los objetivos (equipo, herramientas, mobiliario, iluminación, etc.).

Se recomienda crear un informe de resultados, que se entregue a la Dirección General.

Es muy importante también publicar los resultados, para realizar un reconocimiento por buen desempeño, tanto individual como por departamento, ya que esto genera mucha motivación al personal, para seguirse esforzando de la misma forma.

PROGRAMA ANUAL DE CUMPLIMIENTO DE METAS

Dirección	Sistemas	Oficina	Guadalajara
Área o Departamento	Soporte Técnico		
Responsable de Área	Julio Vega Montes		
Puesto:	Gerente de Atención a Usuarios	Puesto:	Director
Jefe inmediato:	Sergio Durán Loera		

Registro de Metas

#	Descripción	Objetivo	Responsable o Co-resp.	Fecha de Inicio	Fecha de entrega	Nueva / Programada	Observaciones
1	Tiempo de espera de usuarios	Reducir un 20% el tiempo de espera	Julio Vega	01/07/2015	31/09/2015	Prog	Se logró reducir el tiempo en un 15%
2	Equipo de cómputo obsoleto	Renovación del 100% de los equipos	Julio Vega	01/01/2015	31/12/2015	Prog	Se logró renovar el equipo al 100%
3	Tiempo de entrega de equipos	Reducir tiempo de entrega a 24 horas	Julio Vega	01/09/2015	31/11/2015	Prog	No se logró reducir el tiempo a 24 horas
4	Respaldos de información	Aumentar la capacidad de respaldo un 50%	Julio Vega	15/07/2015	31/12/2015	Prog	Se logró aumentar la capacidad en un 30%
5	Capacitación	Cursos de actualización para todo el equipo	Julio Vega	01/07/2015	31/12/2015	Prog	Todo el equipo se actualizó
6							
7							
8							
9							
10							
11							
12							
13							
14							
15							
16							
17							
18							
19							
20							

En el ejemplo se observa cómo se creó la primera parte del programa con las metas a cumplir durante el año y las observaciones con las metas que se cumplieron y las que no, para que quede el antecedente.

En la siguiente imagen, se muestra el ejemplo del seguimiento al avance de las metas, es una forma muy visual que permite a simple vista, tener un panorama sobre el comportamiento de cada departamento:

Meta 1	Registro de avance											
	Ene	Feb	Mar	Abr	May	Jun	Jul	Ago	Sep	Oct	Nov	Dic
A Cumplida en tiempo												
B En tiempo												
C Cumplida con retraso												
D Con retraso												
E No cumplida												

Meta 2	Registro de avance											
	Ene	Feb	Mar	Abr	May	Jun	Jul	Ago	Sep	Oct	Nov	Dic
A Cumplida en tiempo												
B En tiempo												
C Cumplida con retraso												
D Con retraso												
E No cumplida												

Meta 3	Registro de avance											
	Ene	Feb	Mar	Abr	May	Jun	Jul	Ago	Sep	Oct	Nov	Dic
A Cumplida en tiempo												
B En tiempo												
C Cumplida con retraso												
D Con retraso												
E No cumplida												

Meta 4	Registro de avance											
	Ene	Feb	Mar	Abr	May	Jun	Jul	Ago	Sep	Oct	Nov	Dic
A Cumplida en tiempo												
B En tiempo												
C Cumplida con retraso												
D Con retraso												
E No cumplida												

Meta 5	Registro de avance											
	Ene	Feb	Mar	Abr	May	Jun	Jul	Ago	Sep	Oct	Nov	Dic
A Cumplida en tiempo												
B En tiempo												
C Cumplida con retraso												
D Con retraso												
E No cumplida												

Meta 6	Registro de avance											
	Ene	Feb	Mar	Abr	May	Jun	Jul	Ago	Sep	Oct	Nov	Dic
A Cumplida en tiempo												
B En tiempo												
C Cumplida con retraso												
D Con retraso												
E No cumplida												

Como se puede observar, es muy útil para detectar retrasos y buscar formas de apoyar a quienes tengan problemas con el avance de sus actividades, de esa forma se genera en el personal un impacto positivo en la motivación y compromiso por continuar en el esfuerzo, pues se sienten realmente apoyados y no es necesario mencionar que esto causa en automático un beneficio para los trabajadores, pero también para la empresa en la productividad.

Si a éste programa únicamente se le emplea para poner a prueba al personal y dejarlo solo, no obtendremos el resultado esperado y por el contrario, se generará en el personal el sentimiento de impotencia por sólo sentirse juzgados y sentenciados por no cumplir sus metas.

Capítulo 4

Gestión de Talento

PARRILLA DE REEMPLAZO Y SUCESIÓN

Es una herramienta para gestionar el desarrollo del personal, basado en estándares que cada empresa establezca para descubrir talentos y aprovechar al máximo sus capacidades.

Con ésta herramienta, es fácil detectar talentos que puedan ser candidatos viables a recibir una oportunidad de crecimiento laboral y ocupar puestos superiores que hayan quedado desocupados.

A su vez, también poder detectar áreas de oportunidad en el personal como una estrategia de D.N.C., para brindar el apoyo necesario en su desarrollo profesional.

Es común en las empresas que los asensos se obtengan más por razones que no se relacionan con el desempeño de la persona, ni por méritos, por no contar con una herramienta eficaz que permita de forma inmediata detectar a los trabajadores destacados y así, hacerlo de forma más justa y objetiva.

Se utiliza por medio de colores de identificación de perfiles.

El proceso de creación de la Parrilla de Reemplazo es muy sencillo:

1. Definir los factores básicos para todos los niveles y la clasificación de cada factor.
2. Definir la tabla de modelos de perfil de cada nivel jerárquico.
3. Crear una tabla dividida por niveles jerárquicos y un apartado para los candidatos a promoción en cada nivel.
4. Analizar el perfil de cada uno de los trabajadores para definir su perfil actual y utilizando los colores, comparar el perfil de cada trabajador con el perfil ideal previamente definido.

Rojo = Por debajo del perfil ideal

Amarillo = Coincide con el perfil ideal

Verde = Supera el perfil ideal

Es muy importante mantener actualizada la parrilla de acuerdo a los resultados de las evaluaciones, para que pueda funcionar como referente.

Definir los factores básicos:

La Tabla de Factores Básicos se divide en 3 elementos:

Factor:

Son las necesidades que cada empresa considera que requiere evaluar en todos los trabajadores, para analizar su perfil y desarrollo, se pueden incluir rasgos de perfil, habilidades, conocimientos, etc.

Clase:

Son las distintas clasificaciones o categorías en las que se establecen los valores de los factores, se clasifican con letras y se pueden crear todas las clases que sean necesarias, para tener un panorama más amplio del perfil de cada persona.

Valor: Son los parámetros para validar el nivel en que se encuentra el trabajador en cada factor.

Tabla de factores - General

Clase	Edad	Escolaridad	Experiencia	Habilidades	Liderazgo	Idioma adicional
A	21 a 30	Preparatoria	menos de 1 año	Principiante	sin desarrollar	no habla
B	31 a 40	Pasante	1 a 2 años	Intermedio	poco desarrollado	principiante
C	41 a 50	Licenciatura	2 a 5 años	Avanzado	desarrollado	intermedio
D	51 a 60	Maestría	5 años en adelante	Experto	muy desarrollado	avanzado

(Factores; Clases; Valores)

Definir la Tabla de Modelos de Perfil

La Tabla de Modelos, sirve para definir el perfil ideal de cada nivel que se requiere cumplir, para que un trabajador pueda ser considerado como candidato a reemplazar en un puesto superior; en otras palabras, es el punto de comparación o referencia para el seguimiento en el desarrollo de personal.

Tabla de Modelos de perfiles

Nivel	Edad	Escolaridad	Experiencia	Habilidades	Liderazgo	Idioma adicional
Director	CD	D	D	D	D	D
Subdirector	CD	CD	CD	CD	D	CD
Gerente	BC	CD	CD	CD	D	CD
Subgerente	BC	C	CD	C	CD	CD
Coordinador	B	C	CD	BC	CD	CD
Jefe/Supervisor	B	BC	C	BC	C	CD
Especialista	ABCD	BC	ABC	BCD	AB	CD
Asistente	ABC	BC	ABC	BC	AB	BCD
Auxiliar	AB	ABC	ABC	AB	AB	ABCD
Intendencia/limpieza	ABCD	A	ABCD	ABCD	AB	AB

Parrilla

Crear una tabla dividida por niveles jerárquicos y un apartado para los candidatos a promoción en cada nivel.

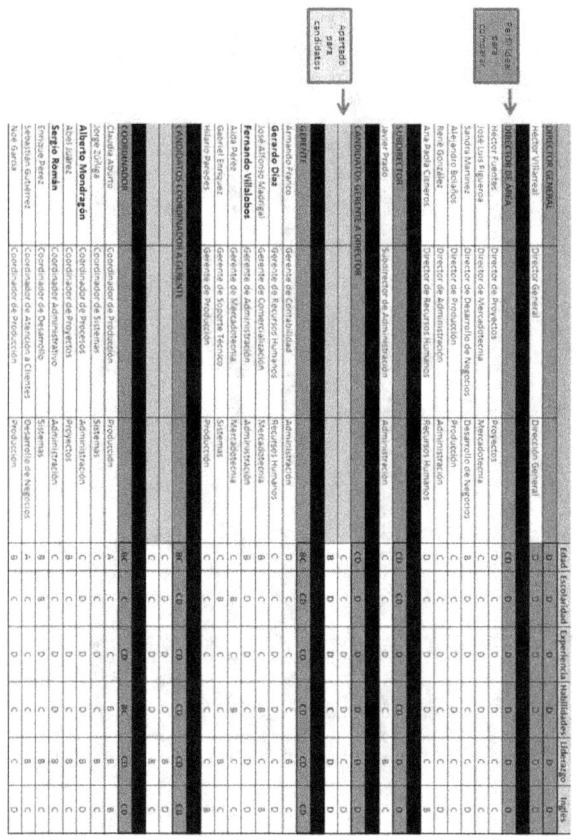

Analizar a cada uno de los trabajadores para definir su perfil actual y utilizando los colores, comparar el perfil de cada trabajador con el perfil ideal previamente definido.

			Edad	Escolaridad	Experiencia	Habilidades	Liderazgo	Inglés
DIRECTOR GENERAL								
Héctor Villarreal	Director General	Dirección General	D	D	D	D	D	D
DIRECTOR DE ÁREA								
Héctor Fuentes	Director de Proyectos	Proyectos	CD	D	CD	D	CD	D
José Luis Figueroa	Director de Mercadotecnia	Mercadotecnia	C	C	C	D	C	D
Sandra Martínez	Director de Desarrollo de Negocios	Desarrollo de Negocios	C	C	C	D	C	C
Alejandro Bolaños	Director de Producción	Producción	CD	D	D	D	CD	C
Rene González	Director de Administración	Administración	C	C	C	D	C	C
Ana Paola Cisneros	Director de Recursos Humanos	Recursos Humanos	CD	D	D	D	CD	D
SUBDIRECTOR								
Javier Prado	Subdirector de Administración	Administración	CD	C	C	D	C	C
CANDIDATOS GERENTE A DIRECTOR								
GERENTE								
Armando Franco	Gerente de Contabilidad	Administración	CD	C	C	D	C	C
Gerardo Díaz	Gerente de Recursos Humanos	Recursos Humanos	BC	C	C	D	BC	C
José Alfonso Madrigal	Gerente de Comercialización	Mercadotecnia	C	C	C	D	C	C
Fernando Villalobos	Gerente de Administración	Administración	B	C	C	D	B	C
Aída Pérez	Gerente de Mercadotecnia	Mercadotecnia	C	C	C	D	C	C
Gabriel Enríquez	Gerente de Soporte Técnico	Sistemas	C	C	C	D	C	C
Hilario Paredes	Gerente de Producción	Producción	CD	C	C	D	C	C
CANDIDATOS COORDINADOR A GERENTE								
COORDINADOR								
Claudia Aburto	Coordinador de Producción	Producción	C	C	C	CD	C	C
Jorge Zúñiga	Coordinador de Sistemas	Sistemas	C	C	C	C	C	C
Alberto Mondragón	Coordinador de Procesos	Administración	BC	C	C	CD	BC	BC
Abel Juárez	Coordinador de Proyectos	Proyectos	C	C	C	C	C	C
Sergio Román	Coordinador Administrativo	Administración	C	C	B	C	C	C
Enrique Pérez	Coordinador de Desarrollo	Desarrollo de Negocios	C	C	C	C	C	C
Sebastián Gutiérrez	Coordinador de Atención a Clientes	Sistemas	C	C	C	C	C	C
Noé García	Coordinador de Producción	Producción	C	C	D	C	C	D

Como ya mencioné, ésta útil herramienta nos ofrece a simple vista por medio de colores, información muy importante sobre varios aspectos, la situación en cuanto al perfil de cada trabajador en comparación con lo que debe ser, los trabajadores que destacan por su crecimiento profesional y como una estrategia de detección de necesidades de capacitación (DNC).

			Edad	Escolaridad	Experiencia	Habilidades	Liderazgo	Inglés
DIRECTOR GENERAL								
Héctor Villarreal	Director General	Dirección General	O	O	O	O	O	O
DIRECTOR DE ÁREA								
Héctor Fuentes	Director de Proyectos	Proyectos	O	O	O	O	O	O
José Luis Figueroa	Director de Mercadotecnia	Mercadotecnia	O	O	O	O	O	O
Sandra Martínez	Director de Desarrollo de Negocios	Desarrollo de Negocios	O	O	O	O	O	O
Alejandro Bolaños	Director de Producción	Producción	O	O	O	O	O	O
René González	Director de Administración	Administración	O	O	O	O	O	O
Ana Paola Cisneros	Director de Recursos Humanos	Recursos Humanos	O	O	O	O	O	O
SUBDIRECTOR								
Javier Prado	Subdirector de Administración	Administración	O	O	O	O	O	O
CANDIDATOS GERENTE A DIRECTOR								
Gerardo Díaz	Gerente de Recursos Humanos	Recursos Humanos	CD	CD	CD	CD	CD	CD
Fernando Villalobos	Gerente de Administración	Administración	CD	CD	CD	CD	CD	CD
GERENTE								
Armando Franco	Gerente de Contabilidad	Administración	BC	O	C	C	C	C
Gerardo Díaz	Gerente de Recursos Humanos	Recursos Humanos	C	C	C	C	B	C
José Alfonso Madrigal	Gerente de Comercialización	Mercadotecnia	C	C	C	C	C	C
Fernando Villalobos	Gerente de Administración	Administración	C	B	C	C	C	C
Aída Pérez	Gerente de Mercadotecnia	Mercadotecnia	C	C	C	C	B	C
Gabriel Enríquez	Gerente de Soporte Técnico	Sistemas	C	C	C	C	B	C
Hilario Paredes	Gerente de Producción	Producción	C	C	C	C	C	C
CANDIDATOS COORDINADOR A GERENTE								
Alberto Mondragón	Coordinador de Procesos	Administración	CD	CD	CD	CD	CD	CD
Sergio Román	Coordinador Administrativo	Administración	CD	CD	CD	CD	D	D
COORDINADOR								
Claudia Aburto	Coordinador de Producción	Producción	C	C	C	C	B	C
Jorge Zúñiga	Coordinador de Sistemas	Sistemas	C	C	C	C	B	C
Alberto Mondragón	Coordinador de Procesos	Administración	D	D	D	D	B	C
Abel Juárez	Coordinador de Proyectos	Proyectos	C	C	C	C	B	C
Sergio Román	Coordinador Administrativo	Administración	B	B	C	C	B	C
Enrique Pérez	Coordinador de Desarrollo	Sistemas	C	C	C	C	B	C
Sebastián Gutiérrez	Coordinador de Atención a Clientes	Desarrollo de Negocios	C	C	C	D	B	C
Noé García	Coordinador de Producción	Producción	C	C	C	C	B	C

En el ejemplo, la Directora de Recursos Humanos está próxima a jubilarse y es necesario darle un seguimiento a quien podría ser su posible reemplazo, pero es necesario identificar a los posibles candidatos y asegurase que cumplen con el perfil requerido o los que más se acercan y en su caso, detectar las áreas de oportunidad en las que se le debe apoyar para poder cumplir con los requisitos y asegurar su éxito en el reto de ocupar una dirección, en éste caso ya se tiene identificado al Gerente de Recursos Humanos y al Gerente de Administración, ambos cumplen en su mayoría los requisitos de forma adecuada, siendo la escolaridad, las habilidades y el liderazgo los factores en el que se les debe apoyar para lograr cumplir con todos los requisitos.

De igual manera, se debe dar seguimiento a quien será el reemplazo de la plaza de Gerente que quedará vacante, para eso se tienen ya detectados dos candidatos, un Coordinador de Procesos y un Coordinador Administrativo, al darle lectura a los perfiles nos damos cuenta que ambos destacan sobre los demás por escolaridad y habilidades, lo que los hace candidatos a ocupar un puesto superior.

De ésta manera, creamos un efecto en cadena de reemplazos programados con candidatos más adecuados.

CANDIDATOS GERENTE A DIRECTOR			Edad	Escolaridad	Experiencia	Habilidades	Liderazgo	Inglés
Gerardo Díaz	Gerente de Recursos Humanos	Recursos Humanos	C	C	D	D	C	D
Fernando Villalobos	Gerente de Administración	Administración	B	D	D	D	D	D

Factores a desarrollar

En el primer caso, para poder ocupar el puesto de Director y reemplazar a quien deja el puesto, los candidatos deberán iniciar una etapa de acciones para nivelar su perfil al requerido.

El Gerente de Recursos Humanos deberá elevar su nivel profesional y desarrollar más habilidades de liderazgo.

El Gerente de Administración deberá desarrollar sus habilidades de liderazgo.

Las alternativas que la empresa puede ofrecer a los candidatos pueden ser:

- Becas para estudiar y horario flexible para aprovechar al máximo el aprendizaje.
- Cursos y talleres de liderazgo de empresas de capacitación reconocidas.
- Sesiones de coaching de liderazgo por parte de una empresa especializada.
- Libros, películas y conferencias de expertos en liderazgo.

5 Estrategias de retención de talento

Pueden existir varias formas de retener el talento en una empresa, pero el éxito dependerá mucho de la disposición de los directivos en apoyar dichas estrategias y que no sean vistas como una pérdida de tiempo o un gasto innecesario.

TEORÍA DE LAS 9 CAJAS

La Teoría de las 9 cajas, es una excelente herramienta que ofrece la posibilidad de clasificar al personal dentro de cada cuadro, según los resultados que se hayan obtenido, ya sea de evaluaciones de desempeño, proyectos realizados, propuestas de mejora, innovación, resolución de problemas y de la simple observación del día a día.

Para darle forma, se requiere hacerlo por etapas y valiéndose de otras herramientas como complementos que sirvan de referencia y no deje un hueco entre el análisis de potencial, la evaluación de desempeño de cada trabajador y la clasificación final que determina quién tiene verdadero potencial y quién no.

De igual manera en el tema de liderazgo, se requiere tomar en cuenta muchos otros elementos además del potencial y el desempeño, para realmente tener la certeza de que tenemos un futuro líder en potencia.

Es decir, que funciona perfectamente para evaluar los aspectos mencionados de Potencial y Desempeño, si tomamos en cuenta que Potencial se puede interpretar como el desarrollo de habilidades para realizar mejor su trabajo individual y logro de objetivos, pero no significa que posea o haya desarrollado habilidades de liderazgo, ya que para ser un buen líder, no es suficiente ser un experto en las actividades que realiza y que por eso, ya pueda ser considerado como un futuro líder que se haga cargo de otras personas. Porque es diferente realizar las actividades personalmente, que coordinar a otras personas a que realicen esas actividades.

Talento = Capacidad natural para desempeñar una actividad con facilidad y rapidez, sin necesariamente haber pasado antes por un proceso de aprendizaje o capacitación.

Habilidad = Capacidad natural que debe pasar por un proceso de práctica constante para agudizar y poder ser empleada con fin específico.

Potencial = Cuando se tiene la certeza de que un talento aún no está siendo bien aprovechado y se puede encaminar en las actividades correctas para ese talento. Y no hacerlo puede generar frustración y desmotivación en la persona.

Desempeño = Actitud de compromiso por combinar de manera adecuada el talento, habilidades, conocimientos, experiencia y actitud, para emplearlos en la realización de sus actividades con el resultado esperado.

Habilidades de liderazgo = Son cualidades que en su mayoría, tienen que ver mucho más con la actitud que con el potencial y desempeño, es decir, que como lo he mencionado en otras publicaciones, la actitud positiva o negativa, ya se trae, se define desde la edad temprana y se va formando con las vivencias a lo largo de nuestra vida, del ambiente y de las personas con las que crecemos y desde luego la influencia de nuestros padres.

Por esa razón, para detectar a un líder en potencia, no es suficiente, la evaluación fría de potencial y desempeño, hacen falta muchos aspectos más.

Ejemplo de la aplicación de la Teoría de las 9 cajas:

En donde:

POTENCIAL es igual a: Desarrollo de competencias

DESEMPEÑO es igual a: Logro de objetivos

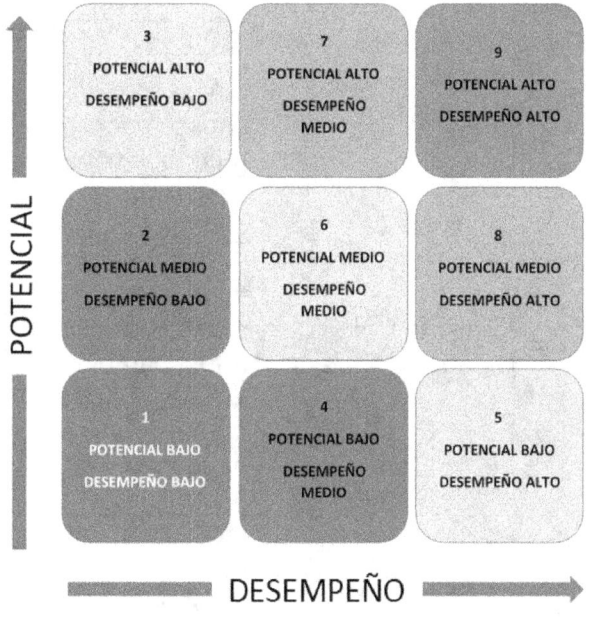

1	Sin talento – Actitud deficiente	Persona improductiva que debe ingresar a un programa de mínimo 6 meses de apoyo, o bien, ser despedido
2	Talento sin desarrollar – Actitud deficiente	Motivación, retos, cambio de actividad, puesto o área, capacitación y reconocimiento
3	Talento desperdiciado – Actitud deficiente	Motivación, retos, cambio de actividad, puesto o área, capacitación y reconocimiento
4	Talento limitado – Actitud limitada	Rastreo y evaluación para detectar otros talentos, motivación, retos, cambio de actividad, puesto o área, capacitación y reconocimiento
5	Talento limitado – Actitud óptima	motivación, retos, reconocimiento

6	Talento sin desarrollar – Actitud limitada	Rastreo y evaluación para detectar otros talentos, motivación, retos, cambio de actividad, puesto o área, capacitación y reconocimiento
7	Talento desperdiciado – Actitud limitada	Rastreo y evaluación para detectar otros talentos, motivación, retos, cambio de actividad, puesto o área, capacitación y reconocimiento
8	Talento sin desarrollar – Actitud óptima	Rastreo y evaluación para detectar otros talentos, motivación, retos, cambio de actividad, puesto o área, capacitación y reconocimiento
9	Talento desarrollado – Actitud óptima	motivación, retos, reconocimiento

Como ya mencioné, para realizar una evaluación basada en la Teoría de las 9 cajas, se deben utilizar varias herramientas alternas, pero teniendo en cuenta que pueden llegar a complicar el trabajo de análisis y perder el sentido y la lógica en su aplicación.

Así me surgió la idea de generar una herramienta tomando como referencia la Teoría de las 9 cajas, pero agregándole algunos elementos más.

Es una herramienta que reúne en una misma tabla todos los elementos necesarios para analizar, evaluar y determinar el nivel de potencial y desempeño de cada trabajador, apoyándose en una referencia de comparación, que nos permite saber con más argumentos y exactitud, quién es un talento en potencia y quien no lo es, quién puede ser un futuro líder y quién no.

Ésta herramienta se llama **Semáforo del Talento** y se trabaja por medio de una Parrilla de Reemplazo y Sucesión, lo que la hace una herramienta más completa y útil, que nos ofrece más información, en un mismo lugar.

Metodología de aplicación de una evaluación basada en la Técnica de las 9 cajas:

- Etapa 1 - Diseñar los aspectos a evaluar dividido en los distintos niveles con los que se cuenta en la organización.
- Evaluación de Desempeño.
- Evaluación de habilidades de liderazgo (solamente para quien tiene personal a su cargo).
- Desarrollo de Proyectos.
- Resumen semestral de actividades.
- Programa anual de cumplimiento de metas.

Etapa 2 – Análisis de resultados.

Etapa 3 – Actualización de valores de perfil en la Parrilla de Reemplazo.

Etapa 4 – Catalogar a cada trabajador en el cuadrante que le corresponde en las 9 cajas, conforme a los resultados globales obtenidos de sus evaluaciones.

Evaluación

TALENTO		HABILIDAD		POTENCIAL		DESEMPEÑO		LIDERAZGO	
Planeación	6	Planeación	9	Planeación	10	Planeación	8	Planeación	7
Organización	7	Organización	9	Organización	10	Organización	7	Organización	8
Coordinación	9	Coordinación	8	Coordinación	10	Coordinación	8	Coordinación	7
Resolución	10	Resolución	8	Resolución	7	Resolución	9	Resolución	8
Creatividad	5	Creatividad	8	Creatividad	9	Creatividad	7	Creatividad	8
Innovación	7	Innovación	8	Innovación	5	Innovación	9	Innovación	7
Improvisación	8	Improvisación	10	Improvisación	9	Improvisación	9	Improvisación	7
Cálculo	8	Cálculo	10	Cálculo	10	Cálculo	8	Cálculo	9
Observación	5	Observación	7	Observación	7	Observación	9	Observación	8
Análisis	10	Análisis	8	Análisis	8	Análisis	9	Análisis	9
Visión	10	Visión	7	Visión	9	Visión	10	Visión	9
Retención	6	Retención	9	Retención	9	Retención	9	Retención	6
Comunicación	8	Comunicación	8	Comunicación	9	Comunicación	8	Comunicación	7
Negociación	8	Negociación	9	Negociación	10	Negociación	8	Negociación	8
Persuasión	8	Persuasión	9	Persuasión	10	Persuasión	8	Persuasión	7
Influencia	8	Influencia	9	Influencia	9	Influencia	7	Influencia	7
Dirección	7	Dirección	8	Dirección	8	Dirección	10	Dirección	8
Creación	6	Creación	9	Creación	9	Creación	9	Creación	7
Capacitación	8	Capacitación	10	Capacitación	9	Capacitación	7	Capacitación	8
Concentración	9	Concentración	7	Concentración	9	Concentración	7	Concentración	9
Intuición	8	Intuición	7	Intuición	10	Intuición	7	Intuición	7
Redacción	10	Redacción	5	Redacción	9	Redacción	8	Redacción	6
Diseño	9	Diseño	6	Diseño	8	Diseño	9	Diseño	5
Revisión	6	Revisión	8	Revisión	7	Revisión	10	Revisión	5
Motivación	7	Motivación	9	Motivación	10	Motivación	9	Motivación	9
8.04		8.12		9		8.36		7.72	

Análisis

Actualización de perfil

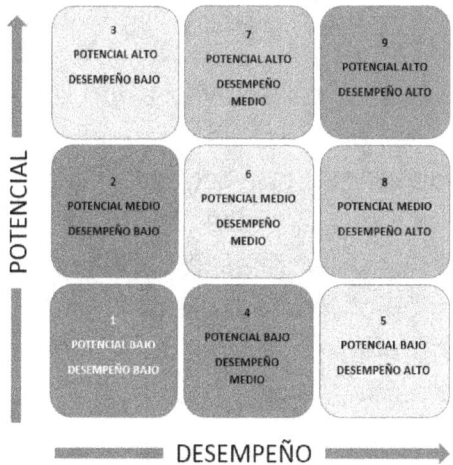

Catalogar en las 9 cajas

POTENCIAL ↑	3 POTENCIAL ALTO DESEMPEÑO BAJO	7 POTENCIAL ALTO DESEMPEÑO MEDIO	9 POTENCIAL ALTO DESEMPEÑO ALTO
	2 POTENCIAL MEDIO DESEMPEÑO BAJO	6 POTENCIAL MEDIO DESEMPEÑO MEDIO	8 POTENCIAL MEDIO DESEMPEÑO ALTO
	1 POTENCIAL BAJO DESEMPEÑO BAJO	4 POTENCIAL BAJO DESEMPEÑO MEDIO	5 POTENCIAL BAJO DESEMPEÑO ALTO

DESEMPEÑO →

CONCURSO DE PROYECTOS

Actividad en la que se le invita a todo el personal de la empresa de todos los niveles, a proponer un proyecto de mejora o una idea de negocio ideado por ellos mismos, después se revisan todos los proyectos por un grupo de ejecutivos de la empresa, para elegir el o los más viables de poder realizarse.

Objetivo:

Promover la participación del personal, darles la oportunidad de que muestren su talento y creatividad, generar más motivación al sentirse parte de los éxitos de la empresa.

- Puede participar todo el personal de la empresa.
- El tema de los proyectos debe ser relacionado con el giro o actividades de la empresa.
- El concurso se realiza anualmente.
- Se puede participar en grupo de máximo 5 personas o individualmente.
- Se elegirán los 3 mejores proyectos para realizarse.

Para considerar un proyecto como ganador, deberá contener las siguientes características:

- Que cause un beneficio a la comunidad o que resuelva una necesidad.
- Que genere un porcentaje de utilidad a la empresa.

Beneficios que obtiene la empresa:

- Descubrir talentos.
- Generar nuevas ideas de negocios.
- Generar soluciones desde el punto de vista de quien hace el trabajo.

CONCURSO INTERNO DE VACANTES

Consiste en brindarle la posibilidad a los trabajadores activos que cuenten con un talento o perfil específico para cubrir un puesto vacante, ya sea dentro de su área o en otra, mediante un concurso interno que incluye una serie de evaluaciones para determinar si cumple con los requisitos y de esa manera, darle preferencia a los trabajadores que ya pertenecen a la empresa y solamente en caso de que no exista algún ganador interno, se buscarán candidatos en las bolsas de trabajo.

Objetivo:

Que la empresa cuente con el mejor talento en cada puesto, en beneficio de la productividad, generar motivación y compromiso en el personal, además de ofrecer la posibilidad de desarrollo dentro de la empresa.

El área que requiera cubrir una vacante, enviará a Recursos Humanos una Solicitud de Personal con la que se inicia el proceso de reclutamiento y selección de personal.

Recursos Humanos publicará la vacante de manera simultánea en la Intranet para el personal de la empresa y de manera externa en las bolsas de trabajo.

Si algún trabajador le interesa ocupar la vacante, deberá inscribirse para participar en el proceso de selección y concursar con otros interesados, para elegir al trabajador que cubra totalmente o en su mayoría los requisitos para ocupar la vacante.

Un trabajador será ganador para ocupar la vacante si aprueba todos los exámenes psicométricos, evaluación situacional (assessment center), entrevistas y todos los requisitos del perfil solicitado para el puesto.

Evaluaciones recomendadas:

- Prueba de perfil.
- Entrevista con Recursos Humanos.
- Prueba psicométrica.

Exámenes escritos para evaluar personalidad, cultura, razonamiento, agilidad mental, concentración y valores.

Prueba de talento

Evaluación situacional que se realiza mediante la recreación de una actividad de trabajo lo más parecida a la realidad y se observa la forma de desenvolverse en el puesto, (también es observado por quien será su jefe directo).

Prueba de conocimientos

Evaluación técnica para determinar si se cuenta con los conocimientos básicos que se requieren para desempeñarse en el puesto, aplicado por el área solicitante.

PLAN DE CARRERA

Ofrecer al personal la posibilidad de crecer profesionalmente y desarrollarse dentro de la empresa escalando posiciones, por un alto desempeño.

Objetivo:

Generar sentido de pertenencia y evitar la fuga de talentos.

PROGRAMA DE MENTORES

Qué es un mentor

El término procede de la mitología griega, donde "Mentor" es como un consejero y guía, por eso en la actualidad se utiliza para llamar así a una persona experimentada que ayuda a otros a crecer.

El mentor comparte su experiencia y conocimientos a personas que inician su desarrollo profesional.

La mentoría se basa principalmente en la comunicación, ya sea oral o escrita, también involucra la práctica y el ejemplo.

La persona que tiene un mentor, debe asimilar los consejos y ponerlos en práctica lo más posible, para que se cumpla el objetivo.

El mentor debe ser alguien con la disposición y voluntad de serlo y poseer cualidades de comunicación, paciencia, sentido común y ser muy observador.

¿Qué es lo que puede hacer un mentor?

- Ayudar generar confianza en ellos mismos.
- Exponer sus conocimientos y experiencias, así como su aplicación.
- Alentar a seguir adelante aun cuando no se hayan conseguido los resultados esperados
- Apoyar en las decisiones que se tengan que tomar y aprender de los errores.
- Seguridad en la toma de decisiones y el control de situaciones.
- Identificar prioridades y aumentar la eficiencia.
- Proponer, innovar y estimular la creatividad
- Ayuda a identificar el potencial y aprovecharlo al máximo.
- Orienta y ayuda a encontrar un rumbo, una dirección.
- Ofrece un modelo de rol positivo (esto significa un modelo, un ejemplo para aspirar a ser).
- Ayuda a crear una visión estratégica a largo plazo (para moverse hacia ella).

Los mentores son trabajadores de la empresa con muchos años de experiencia, sólidos conocimientos y una amplia trayectoria profesional, así como capacidad y disposición para transmitir conocimientos y experiencias a quien lo necesite y apoyarlos en su desarrollo.

Objetivos:

- Crear profesionales con gran desempeño, que contribuyan a elevar la calidad en el trabajo y cumplimiento de metas y objetivos.
- Generar motivación en el personal y compromiso.
- Retención de talento.
- Brindarle la oportunidad y el orgullo a los trabajadores que han alcanzado el mayor nivel de desarrollo dentro de la empresa, para que transmitan sus conocimientos y experiencias a los futuros líderes, que continuarán impulsando a la empresa a superar los retos que vendrán y obtener el éxito esperado.

Las actividades de apoyo para que el mentor pueda realizar su función con los alumnos, podrán ser las siguientes dependiendo el área de trabajo:

- Tema de investigación, el alumno presenta un resumen y se genera una retroalimentación con su mentor.
- Desarrollo de un proyecto sobre un tema en específico, establecido por el mentor.
- Análisis de un problema detectado en algún área o proceso y que el alumno exponga sus propuestas de mejora al mentor y se genere una retroalimentación.
- Planteamiento de una situación ficticia por parte del mentor y pedir al alumno analizar y desarrollar distintas alternativas de solución y generar una retroalimentación.

Es común en las empresas encontrarse en una situación de contar con un Director General que es el fundador de la empresa y para él es difícil ceder el control de la empresa cuando él lo ha hecho bien durante toda la vida de la empresa y en su mente está el pensar... ¿Y quién va a venir a decirme que estoy mal si construí una empresa exitosa? O quizás piense... ¿Quién será capaz de continuar lo que yo hago o hacerlo mejor que yo?, y de ahí surge el conflicto interno de no querer dejar su puesto aun sabiendo él mismo, que ya es tiempo.

Bien, una buena idea, es proponerle que deje su puesto de Director General y que forme una Junta de Consejo donde él sea nombrado Presidente del Consejo, así seguirá conservando su figura de Principal Autoridad, pero con la gran diferencia de que debajo de él abrirá un espacio para integrar un equipo de directores con ideas frescas, con más capacidad de adaptación a los cambios y a la evolución inevitable de las empresas de todo el mundo.

Y los miembros honorables de esa Junta de Consejo, serán los mejores mentores.

TABLERO DE EXCELENCIA

Todos los trabajadores en puestos de responsabilidad con personal a su cargo (jefes), podrán reconocer a uno o más miembros de su equipo de trabajo, ya sea por desempeño destacado o por un logro de alto impacto, mediante la publicación en un Tablero de Excelencia en la Intranet, con su fotografía y una breve descripción del mérito, ésta actividad no tiene un tiempo determinado, los jefes podrán hacer un reconocimiento en cualquier momento, para publicarlo.

Objetivo:

Generar motivación, compromiso y sensación de éxito, en el personal que hace un esfuerzo extra en el desempeño de su trabajo, por medio del reconocimiento público.

Capítulo 5

Sistemas de Comunicación

RED INTERNA INSTITUCIONAL (INTRANET)

En todas las empresas es muy importante contar con todos los medios de comunicación posibles, la comunicación oportuna y por los medios correctos, genera confianza y estabilidad en una organización, puede ser un factor determinante para que la información que se maneje, forme parte de una estructura organizacional sólida.

Una de las mejores herramientas con las que se puede manejar la comunicación de manera ágil y oportuna, además de accesible a todo el personal, es con una red interna, con acceso restringido a solamente el personal activo.

La información que puede contener una Intranet puede ser de varios tipos y que abarque diversos temas de interés general, pues mientras más información variada se coloque en el sitio, mayor será el interés por consultarla constantemente por todo el personal.

Algunos temas sugeridos son:

Página principal

Como es la primer página que verán los trabajadores, aquí se pueden mostrar temas como la lista de cumpleaños del mes, fecha de corte de nómina y calendario de pagos, un tablero de excelencia con los empleados destacados, eventos importantes de la empresa, noticias, etc.

Historia y descripción de la empresa

Aquí se puede hacer una breve descripción de la historia de la empresa y que los trabajadores sientan orgullo de pertenecer a la empresa.

Misión, Visión y Valores

Es importante que todos los trabajadores tengan presente en todo momento ésta información para que la puedan asimilar y que forma parte de su día a día en la empresa.

Áreas

Descripción de cada una de las direcciones o áreas, (responsable del área, actividades y fotos de los miembros del área, esto genera sentido de pertenencia y es muy importante).

Comunidad

Una sección que contenga opciones como anuncios clasificados, donde los trabajadores tengan la oportunidad de comprar o vender artículos entre compañeros.

Y foros con distintas categorías como:

Foro de programadores, es como un canal de comunicación entre programadores de distintas áreas o sucursales si es el caso, donde podrán compartir experiencias, ayudarse mutuamente, discutir proyectos, etc.

Foro Directores, canal exclusivo para que los directivos se comuniquen de forma segura y ágil, para tatar asuntos importantes.

Foro personal de ventas, para que el personal de las áreas comerciales, pueda intercambiar experiencias y ayuda mutua.

Información importante

Ésta sección puede contener circulares, oficios, mensajes urgentes y todo lo que los directivos requieran informar al personal y que todos puedan tener acceso a esa información y no generar confusiones.

Directorio

Un directorio con los datos relevantes de todo el personal, para facilitar su localización:

- Nombre
- Puesto
- Departamento y Dirección
- Teléfono
- Correo electrónico

Seguridad e Higiene

La seguridad es un tema crítico en las empresas, éste canal puede ser usado para incluir una sección dedicada a informar a todos los trabajadores sobre su propia seguridad, puede contener toda la información relacionada con Protección Civil, medidas de seguridad, simulacros, consejos, etc.

Biblioteca Virtual

Es proporcionarle a los trabajadores libros electrónicos y fomentar en ellos el hábito de la lectura, pueden ser obsequiados o bien vendidos a un precio mínimo.

Formatos

Es posible contar con una sección que contenga formatos que se utilizan y accesibles para todos los trabajadores, esto agiliza los procesos.

Procesos (Manuales de Políticas y Procedimientos)

Es muy importante que todos los trabajadores se puedan basar en los manuales de políticas y procedimientos y que puedan estar accesibles en todo momento para su consulta y evitar confusiones.

Galería

Como ya mencioné anteriormente, el uso de fotografías del personal, siempre causa un impacto positivo y genera orgullo y sentido de pertenencia, ésta sección puede contener galerías de fotos como:

- Eventos de fin de año.
- Eventos organizados por la empresa para sus clientes.
- Entrega de reconocimientos.
- Viajes.
- Actividades deportivas.

Otras formas de comunicación sugeridas:

Crear un mensajero institucional

Aplicación para comunicación por mensaje en tiempo real, para trabajadores activos con control de acceso y políticas de uso.

Redes sociales

Dándole un uso correcto y con responsabilidad, las redes sociales pueden ser una herramienta muy útil para comunicación tanto interna entre trabajadores, como externa con clientes y proveedores.

Telefonía celular en red

Proporcionar un equipo de telefonía celular a los trabajadores de todos los niveles, genera muchos beneficios como:

- Sentido de pertenencia, el trabajador se siente importante para la empresa.
- Se crea un sistema de comunicación ágil y efectivo.
- La relación costo-beneficio en comparación con líneas telefónicas fijas, puede ser más conveniente.

Mesas de discusión

Las mesas de discusión son actividades que causan muchos beneficios entre los que se encuentran:

- Fomenta la integración.
- Se genera una lluvia de ideas con lo que se puede tener muchas soluciones posibles de un mismo problema, que de otra forma no sería posible.
- Se fortalece la comunicación y aminora la costumbre del rumor.
- Los trabajadores de menor nivel, se sienten tomados en cuenta y les causa mucha satisfacción saberse parte de la solución con sus propuestas.

Una gran diferencia entre las juntas ejecutivas, es que en éste tipo de reuniones, participan trabajadores de todos los niveles y de todos los departamentos y no solamente los directores eso hace que todos los trabajadores estén involucrados en las problemáticas de la empresa y se vuelven un verdadero apoyo para los directivos, pues es más fácil que se logre lo que comúnmente se conoce como: "ponerse la camiseta" y apoyar verdaderamente a la empresa, y eso es algo invaluable para cualquier directivo y así, si es posible lograrlo.

¿Cómo realizarlas?

Lo más conveniente es realizarlas mediante un calendario, ya sea una vez a la semana o una vez al mes, hacerlo con menos frecuencia, puede provocar que el ánimo de participar se pierda y al final no se cumplan el objetivo de hacerlas.

Es importante como mencioné anteriormente, que participen todos los trabajadores de todos los niveles.

Una forma puede ser, grupos de 10 participantes como máximo, para asegurar que todos participen, lo recomendable para conformar los grupos en la manera de lo posible, es de la siguiente manera:

- 1 director de área
- 1 gerente
- 1 coordinador
- 2 jefes o supervisores
- 5 trabajadores de nivel operativo

Qué asuntos se pueden tratar en las mesas de discusión:

- Analizar y resolver problemas de organización, planeación, comunicación, errores, procesos, políticas, capacitación, clima laboral, liderazgo.
- Idear y analizar proyectos.
- Decisiones críticas de trascendencia
- Compensaciones y beneficios a los trabajadores.

Buzón de sugerencias

Aunque la realidad del uso de un buzón de sugerencias ha perdido mucha credibilidad entre los trabajadores, sigue siendo un medio que puede funcionar muy bien, por su facilidad de operación, la clave es crear una logística de atención y seguimiento a las quejas o sugerencias, en el Capítulo 1, hablamos de implementar una mesa de control, el buzón de sugerencias puede ser un proceso más que se añada a sus procesos.

Al generar una cultura de libre expresión y que el personal se sienta tomado en cuenta y viendo sus sugerencias llevadas a la práctica, tiene un impacto emocional positivo muy fuerte en el compromiso y motivación.

Estructuras de Comunicación

Comunicación en un solo sentido: Hablado, escrito en papel o electrónico.

Empresa:

- Información de proyectos realizados a nivel empresa.
- Publicación de logros de la empresa.
- Publicación de eventos a realizar.
- Documentación en foto y video de eventos realizados.

Direcciones:

- Cambios de estructura.
- Publicación de nuevos ingresos.
- Bajas de personal.
- Promociones de puesto.
- Proyectos realizados a nivel dirección.
- Publicación de vacantes para concurso interno.

Comunicación en doble sentido: Oral

Direcciones:

- Juntas por departamento de tipo laboral.
- Juntas por departamento de tipo informal (lluvia de ideas).
- Reuniones interdepartamentales para intercambio de ideas y así crear lazos de confianza, comunicación e integración al mismo tiempo.

Capítulo 6

Cultura Laboral

Código de Ética y Reglamento Interno

Son documentos que sientan las bases bajo las cuáles se debe regir nuestro comportamiento y forma de proceder en el lugar de trabajo.

El cumplimiento es responsabilidad de todos y cada uno de los que forman parte de una organización.

La ética es una guía para "el buen vivir", "el bien ser" y "el bien hacer".

El Código de Ética contiene valores y principios básicos de convivencia en nuestro entorno laboral, para generar un ambiente positivo y por consiguiente; el logro de objetivos, tanto individuales, como colectivos.

La estructura básica puede ser:

- Compromisos con trabajadores, clientes, proveedores y medio ambiente.
- Comunicación.
- Respeto.
- Honestidad.
- Discreción.
- Transparencia.
- Educación.
- Cortesía.
- Integridad.

El Reglamento Interno establece la normatividad que se requiere para mantener la armonía y el buen funcionamiento de la empresa, además de promover la disciplina y respeto en los trabajadores.

La estructura básica puede ser:

- Alcance.
- Clima laboral.
- Presentación (vestimenta, accesorios, arreglo personal).
- Seguridad e Higiene.
- Control de asistencia.
- Equipo y herramientas de trabajo.
- Recursos materiales y económicos.
- Medidas disciplinarias.

Filosofía empresarial

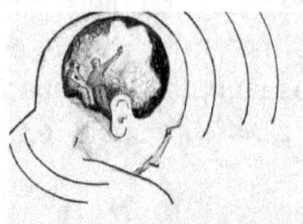

Es la idea concreta sobre la forma en la que funcionará la empresa hacia su interior, y la forma de interactuar entre las personas que en ella trabajan.

La filosofía va ligada a la mentalidad de cada empresario que decide crear una fuente de ingresos pero que al mismo tiempo, también crea una fuente de trabajo para otras personas.

Entonces si la filosofía se basa en solamente generar grandes utilidades para la empresa, probablemente si generarán utilidades, pero con un alto sentimiento de frustración por parte de los trabajadores; porque lo único que importará será el dinero y no las personas.

Lo ideal es definir una filosofía que implique cumplir con una regla básica de convivencia, "ganar-ganar", es decir, encontrar un equilibrio de intereses donde ambas partes se beneficien.

Ejemplos de enfoques que pueden ayudar a definir la filosofía de la empresa:

- La creatividad
- La competencia
- El desarrollo humano
- La expansión
- La igualdad
- La capacitación

Ambigüedad de Intereses

Es una manera de detectar y analizar las diferencias de conceptos entre directivos, que pudieran estar causando discrepancias y por consiguiente, la imposibilidad de tomar mejores decisiones.

Ésta herramienta ayuda a unificar criterios y trabajar juntos sobre una misma línea.

La siguiente tabla, sirve para realizar un ejercicio entre directivos o los responsables de tomar las decisiones críticas de la empresa en materia de capital humano.

Ocupación	Interés
Dinero	Compromiso
Prestigio	Esfuerzo
Crecimiento	Sacrificio
Reconocimiento	Preocupación
Satisfacción	Tensión
Logros	Frustración
Estabilidad	Concentración
Motivación	Lealtad
Retos	Discreción
Identificación	Comprensión
Conocimiento	Metas
Sentido de pertenencia	Conocimiento
Orgullo	Experiencia
Desarrollo de habilidades	Disposición
Comprensión	Sumisión
Compromiso	Creatividad
Valores	Valores

La actividad consiste en que cada persona debe asociar las palabras de la columna "Ocupación" con las palabras que crea que tienen relación de la columna "Interés",

Es importante mencionar que el ejercicio NO tiene una forma correcta para hacerse, cada uno relaciona las palabras de acuerdo a su criterio, las combinaciones pueden ser infinitas.

Al finalizar se analizan en conjunto todas las combinaciones y cada uno expondrá sus razones de la relación de palabras que hizo, el objetivo de la actividad, es comparar las diferencias de conceptos, se sorprenderán de como salen a relucir muchas diferencias de opinión, aún con gente con la que siempre se ha trabajado.

El resultado final del ejercicio, debe consistir en alinear los conceptos y definir un mismo concepto para de ahí partir y tomar mejores decisiones con las que todos estén de acuerdo.

E incluso para definir una nueva filosofía más equilibrada.

Ejemplo de un ejercicio realizado:

Ocupación	Interés
Dinero	Compromiso
Prestigio	Esfuerzo
Crecimiento	Sacrificio
Reconocimiento	Preocupación
Satisfacción	Tensión
Logros	Frustración
Estabilidad	Concentración
Motivación	Lealtad
Retos	Discreción
Identificación	Comprensión
Conocimiento	Metas
Sentido de pertenencia	Conocimiento
Orgullo	Experiencia
Desarrollo de habilidades	Disposición
Comprensión	Sumisión
Compromiso	Creatividad
Valores	Valores

En el ejemplo se observa la idea de una persona que asoció de esa manera los factores, podremos estar de acuerdo o no, pero precisamente esa es la intención, que salgan a relucir las diferencias y que sea un punto de partida para crear acuerdos.

Analizando la imagen de ejemplo, podemos decir que para que haya más **disposición** por parte de los trabajadores, es necesario generar ideas sobre cómo fortalecer la **identificación** del personal hacia la empresa.

Es decir, será más fácil decidir a qué factor se le dará mayor peso y las estrategias adecuadas, que como dije, aunado al tema anterior, también sirve para definir una filosofía empresarial.

ROTACIÓN DE PERSONAL

Medir la rotación de personal en una empresa, es importante para tomar decisiones, sin embargo, antes de tomar dichas decisiones, es importante analizar los factores a favor y en contra de mantener un bajo índice de rotación que en apariencia, es lo adecuado.

En ésta sección, podremos analizar éste tema desde todos los ángulos y así poder llegar al final con todas las bases con las que ya se tendrá una idea más concreta sobre lo que es más conveniente para la empresa, ya sea disminuir, mantener o incluso aumentar la rotación.

Medir la rotación significa en términos generales, saber si son más los trabajadores que ingresan a la empresa o son más los trabajadores que se van o si son casi en mismo número, que de entrada ese caso sería el más preocupante.

Lo primero que debemos hacer, es conocer el índice de rotación que refleja la empresa, para eso se puede aplicar una fórmula que arroje el resultado.

Fórmula para calcular la rotación

$$IRP = \frac{\frac{A+D}{2} \times 100}{\frac{F1+F2}{2}}$$

IRP: Índice de Rotación de Personal

A: Número de personas contratadas durante un período determinado

D: Personas que causan baja en el mismo período

F1: Número de trabajadores al comienzo del mismo período

F2: Número de trabajadores al final del período

El resultado de la fórmula, se mostrará como un porcentaje, pero es importante tener en cuenta que dicho porcentaje, inicialmente solamente será un dato que servirá de base para al final determinar si es necesario reducir o permitir que aumente la rotación, pues todo dependerá de la filosofía empresarial y las necesidades que la empresa deba solventar.

Es decir que en ésta primera etapa, no se toma ninguna decisión, se toma el resultado como parámetro y lo que continúa es analizar todas las circunstancias, factores a favor y factores en contra y sólo entonces definir las acciones a seguir.

Ejemplo

Período: enero a junio de 2017 (primer semestre)

Número de trabajadores en enero: 100 (F1)

Contrataciones: 20 (A)

Bajas: 10 (D)

Número de trabajadores en junio: 110 (F2)

Promedio: 100 + 110 / 2 = 105

$$IRP = \frac{20 + 10 = 30 / 2 = 15 \times 100 = 1500}{100 + 110 = 210 / 2 = 105}$$

$$IRP = \frac{1500}{105}$$

$$IRP = 14.2857143$$

IRP en el primer semestre = 14.3 %

Como podemos observar en el ejemplo, se calcula la rotación del primer semestre de un año, entre los meses de enero a junio.

El resultado es de un 14.3% de rotación, que podría ser considerado como dentro de lo normal y levemente bajo.

Como mencioné antes, por ahora no podemos saber si para la empresa es un índice bajo o alto, o bien, es positivo o negativo para los intereses de la empresa, para eso es necesario hacer todo el análisis completo, teniendo en cuenta todos los factores y con una visión desde distintos ángulos.

A continuación trataré de mostrar los factores más comunes, que pueden servir de parámetro para saber si es un índice positivo o negativo.

Una vez que se obtiene el índice de rotación, lo que sigue es analizar las causas más comunes tanto internas como externas que causan un alta o baja rotación en una empresa:

Internas	Externas
Filosofía empresarial confusa o carente de una orientación hacia el bienestar de los trabajadores	Entorno de las instalaciones como inseguridad, accesibilidad, transporte, lugares de estacionamiento, etc.
Políticas rígidas	Cambio drástico de situación de vida, enfermedades, fallecimientos, accidentes, mejores ofertas laborales, oportunidades de continuar estudios lejos del centro de trabajo o en el extranjero, cambio de casa o de ciudad, etc.
Valores no reflejados por parte de la empresa	Oferta más atractivas en el mercado laboral
Malos jefes sin habilidades de liderazgo	Incremento en los impuestos que derivan en más deducciones
Sueldos muy por debajo del mercado. Sueldos sin ajuste periódico. Sueldo no acorde a las exigencias del puesto. Sueldos dispares sin fundamento que provocan sentimiento de injusticia y generan desmotivación.	Aumento de la inflación
Beneficios poco atractivos ofrecidos por la empresa (Salario emocional)	Disminución de la demanda de productos o servicios ofrecidos por la empresa, por casusa de la aparición de nuevos competidores.
Instalaciones desagradables	
Oportunidades de desarrollo y capacitación	
Malas prácticas de reclutamiento y selección	
Reestructura o recorte presupuestal	
Comunicación deficiente o condicionada de los directivos al personal operativo	
Contratación de mucho personal joven en edades entre 22 y 27 años, para los que no es prioridad quedarse por mucho tiempo en un empleo	
Empresas poco dinámicas o aburridas, por lo general dirigidas por directivos ya en edad avanzada, que se niegan a ceder el control	

Si después de revisar la tabla anterior, se llega a detectar una causa que exista en la empresa, ya habremos dado el siguiente paso para sacar las primeras conclusiones y establecer los criterios necesarios, para decidir las acciones a seguir.

Pero aún sigue siendo pronto para tomar alguna decisión, todavía tenemos más elementos para analizar como por ejemplo, la frecuencia de rotación que se analiza a continuación:

- Rotación ocasional (poca rotación)
    - Convenientes
        * Estabilidad de la plantilla – fluidez en el trabajo
        * Bajo costo de reclutamiento
        * Tiempo mejor aprovechado por el personal de Recursos Humanos
        * Programas de capacitación aprovechables al 100%
    - Inconvenientes
        * Riesgo de contar con personal en zona de confort
        * Disminución de oportunidades de desarrollo del personal
- Rotación frecuente (mucha rotación)
    - Convenientes
        * Evitar que el personal caiga en zona de confort
    - Inconvenientes
        * Fluidez de trabajo interrumpida constantemente por curvas de aprendizaje
        * Elevado gasto de reclutamiento
        * Tiempo excesivo empleado para el reclutamiento
        * Estrés e incertidumbre en los trabajadores
        * Programas de capacitación desperdiciados
        * Riesgo de fortalecer a la competencia
        * Deterioro de la imagen de la empresa al exterior, por malas referencias de ex-trabajadores

La rotación de personal, puede ser provocada intencionalmente, inconscientemente o puede suceder por falta de prevención

Después de analizar lo conveniente e inconveniente de contar con una rotación ocasional, podremos darnos cuenta que no necesariamente mantener una rotación baja, puede ser un beneficio para la empresa, como normalmente se piensa, pues un gran problema al que se enfrentan las empresas actualmente, es la situación de contar con trabajadores cuya prioridad es mantener el empleo, cumpliendo con el trabajo encomendado, pero que en la mayoría de los casos, son personas que hacen solamente el esfuerzo mínimo necesario, pues alcanzan un dominio total del puesto que desempeñan, lo que para ellos es suficiente para lograr la estabilidad.

Pero qué pasa si lo vemos desde el punto de vista de la empresa, en apariencia la estabilidad en los puestos hace que el trabajo fluya, pero para la competitividad que existe en nuestros días entre las empresas, eso ya no es suficiente, pues una de las tendencias que ya se empieza a ver con más frecuencia en las empresas, son las famosas estructuras planas, donde hace falta que los trabajadores no solo dominen su puesto y hagan lo mínimo indispensable, sino que además de eso, sean personas más creativas e innovadoras, más propositivas, más involucradas en las problemáticas de la empresa, más dispuestas a ser multifuncionales.

Por otro lado, la rotación frecuente, tiene inconvenientes, pero también un punto a favor que puede ser positivo para las empresas, es la presión psicológica que se emplea con los trabajadores para generarles cierta preocupación o incertidumbre de no sentirse seguros en su puesto.

Pero analizando ésta situación, también es importante tener en cuenta que no es precisamente una estrategia favorable para la empresa, porque es lógico pensar que también eso generará un ambiente tenso y un ambiente tenso es más perjudicial para la empresa porque deriva en mucha desmotivación e intranquilidad para los trabajadores y como consecuencia, baja productividad, pero lamentablemente, los directivos, se dan cuenta de eso, cuando ya está muy avanzado el problema.

Volumen de contrataciones

- *Más contrataciones y menos bajas*
    - Expansión (crecimiento)
    - Se necesita un plan de desarrollo desde puestos inferiores, en una estructura piramidal

- *Más bajas y menos contrataciones*

- *Por despido*
    - Recorte masivo obligado por situación económica de la empresa
    - Por reestructura

- *Por renuncia*
    - Estrategias de retención de talento poco efectivas o nulas
    - Alerta! no es un buen lugar para trabajar

El volumen de contrataciones, es igualmente un factor que se debe tener en cuenta, pues si no se tiene en cuenta que el crecimiento de una empresa, debe ser planeado y con una lógica tal, que evite crear plazas que realmente no se necesiten, eso afecta en dos sentidos, a la empresa al tener que pagar un sueldo que no se necesita, tener que ocupar recursos para ese puesto y para el trabajador al sentir la frustración de estar en un puesto que no genera un impacto importante en la productividad y con nulas expectativas de crecimiento, y esa desmotivación, deriva en el deseo secreto del trabajador en cambiar de empresa, pero que la mayoría de las veces, no lo hace por lo difícil que es cambiar de trabajo en un corto tiempo.

En el ciclo de vida que cada empresa, puede que en algún momento un recorte o también conocido como despido masivo, tenga que ser la única solución a una crisis por la que esté atravesando una empresa, en esos casos, el índice de rotación no será un dato muy relevante, pero si será importante, tomar el dato final, como referencia a los movimientos futuros.

En cambio si en vez de un recorte provocado por la empresa, se trata de una "desbandada" o fuga de talentos masiva, necesariamente la empresa deberá de manera urgente, analizar todas las causas posibles y detectar en cuál se está incurriendo en la empresa y que se haya pasado por alto por parte de los directivos.

Una metodología que se sugiere para saber si el índice de rotación es el adecuado para la empresa, es el siguiente:

1- Identificar plenamente la filosofía de la empresa	La filosofía en una empresa, son los ideales que harán que la empresa funcione mejor y que no tienen que ver con la misión o visión, sino más bien con la disposición de los directivos a darle un sentido más humano a la empresa. Eso será el primer criterio que se usará para saber qué es más conveniente para la empresa, tener alta o baja rotación.
2- Calcular el índice de rotación	Obtener la cifra en porcentaje, para tener la referencia y poder empezar a analizar las causas, que llevarán a decidir si el índice es conveniente o no.
3- Anotar todas las causas posibles	Poner a consideración todas las causas posibles que lleguen a la mente, para tener todo el panorama completo.

4-	Analizar esas causas y determinar en cuál o cuáles está incurriendo la empresa	Aunque esto ya debería ser parte de las problemáticas conocidas por el área de Recursos Humanos y por consiguiente por los directivos, no está de más hacer éste ejercicio para identificar áreas de oportunidad de la empresa en cuanto a cultura organizacional.
5-	Definir como favorable o desfavorable el índice de rotación. (Hasta éste punto es cuando ya se pueden tomar las decisiones pertinentes).	Una vez que se hayan detectado las causas de una alta o baja rotación según sea el caso y que se apega a la filosofía empresarial, ya podremos determinar si el índice se puede mantener o se debe provocar una variación.
6-	Si el índice es favorable, generar estrategias que eviten una variación	En éste caso, no hay mucho que planear, más bien tratar de continuar por la misma línea y mantener un seguimiento

	constante de evaluación, KPI's, encuestas, reuniones informales y todo lo que ayude a evitar una variación desfavorable.
7- SI el índice es desfavorable, se deberá generar de manera urgente, acciones a ejecutar, para lograr la variación	En éste caso, la situación requiere actuar inmediatamente, pero primero se debe saber qué variación se necesita, si aumentar o disminuir y en ambos casos, y sabiendo ya las causas, generar las acciones que contrarresten para provocar la variación hacia lo conveniente para la empresa. Para tomar las decisiones más acertadas, se recomienda volver a analizar los ejemplos aquí mostrados de "Causas internas y externas",

	"Rotación ocasional o frecuente" y "Volumen de contrataciones". Las estrategias que se decidan implementar vienen explicadas en todas las lecciones del libro, donde traté de abarcar lo más posible y que se tenga una visión muy amplia sobre problemas y soluciones.

EVALUACIÓN 360°

La encuesta 360°, es una estrategia de medición y extracción de información que aplicada de la forma adecuada, puede ser de mucha ayuda para detectar áreas de oportunidad y gestión del cambio.

Posteriormente se utiliza esa información para analizar los aspectos positivos y negativos y de ahí generar un plan de acción, ya sea correctivo o preventivo, por eso es muy importante entender que el éxito depende de la forma en que se aplique.

Es importante tener en cuenta, algunos de los objetivos más comunes con los que se puede tener una idea más clara sobre si es el momento adecuado o incluso si es la solución que ayudará a resolver situaciones desfavorables.

Objetivos de la encuesta 360°:

- Obtener información

    Las formas de obtener la información pueden ser de varios tipos, ya sea por medios impresos o electrónicos, dependiendo de lo que se elija, una vez que se haya revisado toda la lección de éste libro.

- Promover la crítica constructiva

Se requiere lograr primeramente un entendimiento y consciencia por parte de los trabajadores en estar mental y emocionalmente aptos para recibir la crítica y que ésta sea tomada de manera positiva.

- Resolver conflictos

Aplicada de la manera adecuada y manteniendo una comunicación asertiva con todos los participantes, ayuda a prevenir posibles conflictos que puedan surgir durante su aplicación y que se logre el objetivo de aplicar la encuesta.

- Provocar reflexión

El éxito de aplicar ésta estrategia, dependerá en gran medida de haber logrado remover conciencias y actitudes en un sentido positivo, en la mayoría de los trabajadores, ya que en un mundo real, sabemos que no es posible transformar al 100% al personal de una empresa, pero si se logra con la mayoría, se tendrán muchos aliados que influirán en los renuentes al cambio.

- Generar un diagnóstico para elaborar el plan de acción

Lo más recomendable, es poner en contexto todas las situaciones desfavorables que se hayan detectado durante el desarrollo de la actividad y no solamente los resultados finales de cifras o porcentajes, pues eso ayudará a tener un panorama más cercano a la realidad y con más elementos objetivos, para saber exactamente los problemas a resolver.

-

- Gestionar el cambio

    Aquí llegamos a la parte más compleja y que requiere de poner en práctica todas las capacidades de equilibrio emocional, creatividad, observación, sentido de la anticipación, intuición, criterio, comunicación asertiva, tolerancia a la frustración, negociación, capacitación, orientación, sinergia, empatía, planeación y organización, liderazgo, actuar con el ejemplo y todos los demás factores que se complementan con la experiencia y conocimientos en el área de la administración del Capital Humano.

- Evaluar el resultado

    Todo esfuerzo que se emplea para lograr un cambio positivo, ya sea por medio de estrategias, metodologías o herramientas, invariablemente, debe ser evaluado tanto durante su desarrollo para realizar los ajustes necesarios, como del resultado final, para iniciar el plan de acción.

FORMAS DE APLICAR UNA ENCUESTA 360°

Se puede realizar de forma oral o escrita, dependiendo de las características generales del personal que se pretende evaluar:

- De forma oral ofrece la ventaja de ser espontánea, los participantes intercambian opiniones y sugerencias, aunque para hacerlo de ésta forma se requiere que el personal cuente con el criterio y la madurez suficiente, para aceptar críticas o comentarios adversos hacia su persona o comportamiento y no reaccionar de manera agresiva.

- De forma escrita se tiene la posibilidad de expresarse más abiertamente, aunque si se aplica de forma anónima, es más propensa a la falsedad o a la conveniencia.

Diagnóstico para conocer las necesidades de la aplicación de una evaluación 360°

Como todos sabemos, la aplicación de una evaluación de ésta naturaleza, requiere tener un conocimiento pleno de las características y rasgos de personalidad de los trabajadores, así como el nivel cultural de todos o la mayoría de los trabajadores, pero algo que también es importante, es tener la seguridad de que ya se analizaron todas las situaciones desfavorables y que ya se contemplaron todas las posibles alternativas para resolver los problemas antes de pensar en una evaluación 360° y que verdaderamente, es la única alternativa que queda.

Si el problema es un trabajador, debemos averiguar si…

- Tiene alguna inquietud o algo que le molesta en su trabajo en el ámbito laboral.

- Tiene algún problema de tipo personal ajeno al trabajo que lo tiene intranquilo.

- Tiene algún problema de tipo personal con algún compañero de trabajo.

- Tienen algún problema de tipo personal con su jefe directo.

- No cumple con el perfil del puesto.

- Tiene tendencias agresivas.

- No es muy hábil para manejar sus emociones como envidias, resentimientos, celos o cualquier otro sentimiento negativo que le impida trabajar y relacionarse con sus compañeros de trabajo y jefes.

- No ha recibido capacitación de manera regular durante los últimos 6 meses.

- Las herramientas que la empresa le proporciona para el desempeño de sus actividades como equipo de cómputo, comunicación, mobiliario, iluminación, uniforme, papelería, transporte, etc., no son los adecuados.

Si el problema es un jefe, debemos averiguar si...

- Tiene alguna inquietud o algo que le molesta en su trabajo en el ámbito laboral.

- La carga de trabajo o la presión rebasa su capacidad de respuesta y planeación.

- Carece de habilidades de liderazgo.

- Bloquea el desarrollo de sus subordinados impidiendo que alcancen su propio nivel.

- Tiene algún problema de tipo personal ajeno al trabajo que lo tiene intranquilo.

- Tiene algún problema de tipo personal con algún compañero de trabajo.

- Tienen algún problema de tipo personal con su jefe directo.

- No cumple con el perfil del puesto.

- No ha recibido capacitación de manera regular durante los últimos 6 meses.

- Las herramientas que la empresa le proporciona para el desempeño de sus actividades como equipo de cómputo, comunicación, mobiliario, iluminación, uniforme, papelería, transporte, etc., no son los adecuados.

Si el problema es un directivo, debemos averiguar si...

- Tiene alguna inquietud o algo que le molesta en su trabajo en el ámbito laboral.

- La carga de trabajo o la presión rebasa su capacidad de respuesta y dirección.

- Carece de habilidades de visión estratégica, planeación, organización, comunicación, inteligencia emocional.

- Bloquea el desarrollo de sus subordinados impidiendo que alcancen su propio nivel.

- Tiene algún problema de tipo personal ajeno al trabajo que lo tiene intranquilo.

- Tiene algún problema de tipo personal con algún compañero de trabajo.
- Tienen algún problema de tipo personal con su jefe directo.
- No cumple con el perfil del puesto.
- No ha recibido capacitación de manera regular durante los últimos 6 meses.
- Analizar su estilo de liderazgo.
- Analizar su estilo de comunicación.
- Analizar su capacidad de visualizar problemas y soluciones.
- Analizar su capacidad para dirigir equipos de trabajo.
- Analizar su comportamiento con subordinados de todos los niveles inferiores.

Si el problema es un departamento, las acciones sugeridas pueden ser...

- Analizar los perfiles de todos los miembros, perfil y estilo de liderazgo del responsable del departamento.

- Reubicar o rotar al personal.

- Realizar entrevista individual con cada miembro.

- Redefinir funciones y responsabilidades del departamento.

- Realizar estudio de cargas de trabajo y la distribución adecuada del mismo.

- Realizar análisis detallado de la posición en el organigrama por áreas de la empresa y en el Manual de Organización.

- Crear dinámicas de integración por parejas y rotar.

Si el problema es de toda la empresa, las acciones sugeridas pueden ser...

- Replantear la Misión, Visión y valores de la empresa.
- Redefinir la filosofía de la empresa.
- **Realizar evaluación 360° entre todo el personal de la empresa.**
- Redefinir descripciones de puesto y validar con los perfiles de los ocupantes actuales.
- Rediseñar organigrama.
- Analizar estilos de liderazgo de los directivos.
- Comparar tabla de compensaciones con otras empresas.
- Redefinir esquema de prestaciones al personal.
- Promover actividades de integración del personal, como

actividades deportivas o recreativas.

- Reforzar el reconocimiento al personal por el logro de objetivos con incentivos de mayor impacto como viajes, bonos en efectivo, regalos, etc.

- Redefinir los programas de capacitación.

- Invertir en mejorar las instalaciones, equipo de cómputo, uniformes, mobiliario, decoración, iluminación, etc.

- Redefinir Políticas y Procedimientos.

- Redefinir sistemas de comunicación.

- Crear un área o contratar un responsable interno para generar estrategias de Desarrollo Organizacional.

- Solicitar apoyo de expertos en consultoría de Desarrollo Organizacional.

Si después de haber analizado todas las situaciones anteriores y haber intentado otras soluciones, se llega a la conclusión de que realizar una encuesta 360° es necesaria, no tiene que ser una guerra de todos contra todos y que corra sangre, empecemos por analizar las distintas formas para poder enfocarse en donde realmente está el problema, pues la mayoría de la gente piensa que una evaluación 360° se debe aplicar para toda la empresa y no necesariamente, pues si no se tiene bien identificado el problema y el área donde se genera, el riesgo sería que en vez de resolver los problemas, se harían más grandes.

Entonces como vemos en los ejemplos, se puede aplicar por canales y así concentrarse en el problema detectado y así probar otros canales hasta lograr resolver los problemas, o bien, como dije antes si aun así se toma la decisión de hacerlo para toda la empresa, o sea, la batalla campal, entonces se aplica la evaluación de 6 canales y que corra sangre…

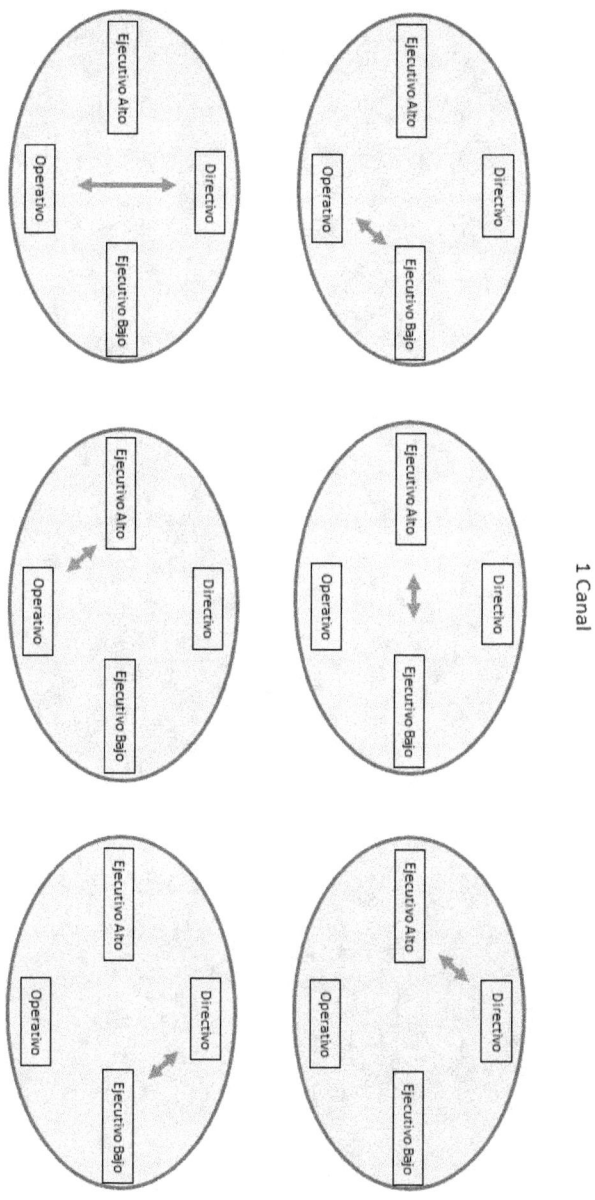

1 Canal

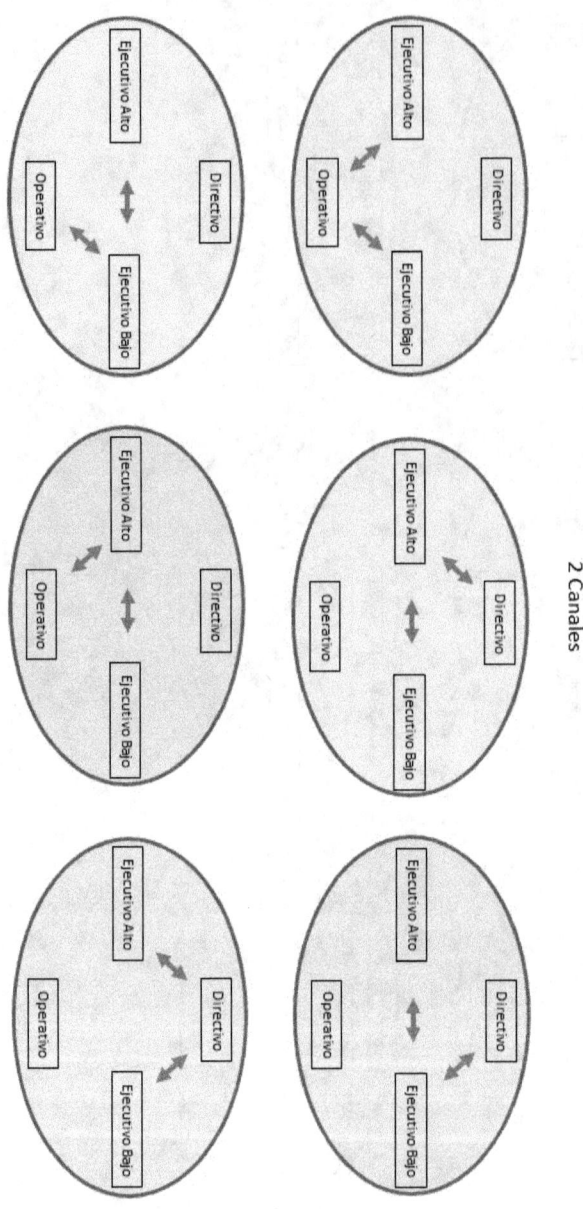

2 Canales

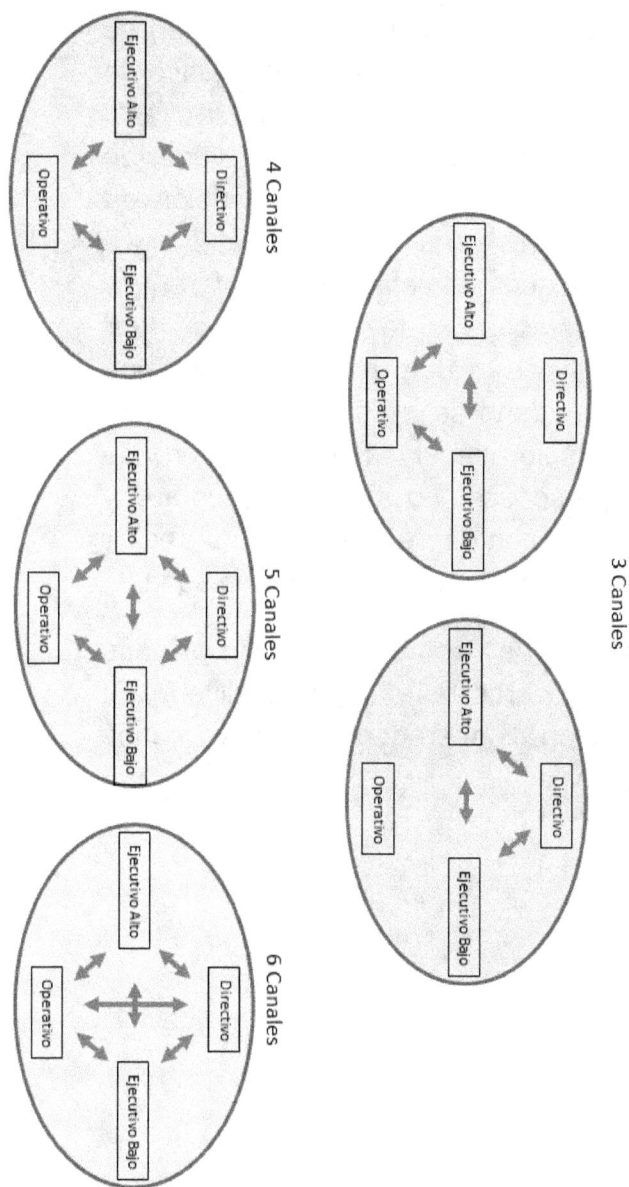

Así mismo, para asegurar el éxito en su aplicación y que se cumpla el objetivo de lograr cambios positivos, en la tabla siguiente se muestran varios tipos de evaluación, esto es con la intención de contar con varias alternativas, pues sabemos que cada empresa es diferente y con personas de diferente nivel sociocultural, lo que vuelve una decisión crítica el cómo se aplicará la evaluación, pues también sabemos que la mayoría de las personas no están mental y emocionalmente preparadas para recibir críticas por más constructivas que sean.

Entonces se podrán utilizar opciones "menos agresivas", que faciliten su realización, generando muchos menos conflictos.

Tipos de evaluación 360° - para todo el personal

	Actividad	A favor	En contra
Entrevista	Entrevista entre dos personas, entre jefe y subordinado y entre jefes y directivos. Cada uno expone su opinión sobre sí mismo, la otra persona.	Se obtiene la información de forma rápida y permite profundizar en las opiniones	Temor a decir la verdad
Mesas de discusión	Se realiza con un grupo de gente del mismo departamento o mezclados, teniendo cada uno el turno para hablar y exponer su opinión positiva y negativa sobre fortalezas y áreas de oportunidad de sus compañeros y ofreciendo sugerencias de mejora. Los acuerdos, compromisos y propuestas se registran en una minuta, para su seguimiento.	Permite resolver de manera más rápida los conflictos, se generan más acuerdos y compromisos y se fortalece la comunicación y la confianza entre compañeros	Temor a decir la verdad
Carta de sugerencias	Es un documento que se le pide redactar a cada persona, donde expresa sus opiniones negativas y positivas sobre sí mismo y sus compañeros, puede ser de forma anónima. Después se publican en algún medio electrónico o bien, se ponen al alcance de todo el personal para que todas las cartas sean leídas por todos los trabajadores.	El trabajador pude sentirse más cómodo de expresar su opinión de sí mismo y de sus compañeros, al no tener que verse cara a cara.	Que el trabajador le cueste trabajo expresarse de manera escrita o no sienta la confianza de hacerlo
Encuesta anónima	Se realiza por medio de una hoja impresa donde cada trabajador evalúa a otra persona, ya sea un subordinado, un homólogo o un superior. Después cada trabajador revisa su evaluación y deberá hacer un ejercicio de reflexión y autoanálisis.	Se obtiene un análisis muy general y más estadístico, para detectar las áreas de oportunidad, por ser anónimo, es posible que el trabajador sienta más confianza de ser honesto	Temor a decir la verdad

Pero también se tiene la posibilidad de enfocar la evaluación hacia aspectos de liderazgo, esto con el fin de ayudar a los jefes de todos los niveles a descubrir sus áreas de oportunidad, es muy similar a la tabla anterior, pero con algunas variantes interesantes y queda a criterio cuál puede funcionar mejor para las problemáticas que se requieran resolver.

Tipos de evaluación 360° - enfocada al liderazgo

	Actividad	A favor	En contra
Entrevista	Entrevista con el equipo de trabajo del jefe evaluado, para determinar avances y cambios favorables	Se obtiene la información de forma rápida y permite profundizar en las opiniones	Temor a decir la verdad
Cuestionario	Se realiza por medio de un cuestionario: 1.- Jefe: Cómo me veo / Cómo veo a mi equipo. 2.- Trabajador: Cómo me veo / Cómo veo a mi jefe	Salen a relucir las diferencias de apreciación y permite hacer un diagnóstico más preciso	Temor a decir la verdad
Comparación	Se define un perfil ideal base, después el trabajador contesta un cuestionario sobre su concepto de perfil ideal de un jefe, después el jefe del jefe evaluado, califica de acuerdo al mismo cuestionario y/o al final se compara el concepto del trabajador, la calificación del jefe evaluado y el perfil ideal base	Permite detectar rápidamente las áreas de oportunidad o necesidades de capacitación, ya que no se tiene la sensación de estar evaluando y de ser evaluado	Que el trabajador no tenga un concepto propio bien definido de lo que es un líder
Encuesta anónima	El trabajador contesta una encuesta sobre las habilidades de liderazgo de su jefe	Se obtiene un análisis muy general y más estadístico, para detectar las áreas de oportunidad, por ser anónimo, es posible que el trabajador sienta más confianza de ser honesto	Temor a decir la verdad

237

Metodología de aplicación de una evaluación 360°

1- Clasificación de uno o varios problemas

Clasificar el problema, ayuda a saber qué estrategia es mejor utilizar, así como el grado de importancia o urgencia de cada uno.

Actitud	Desarrollo
Organización	Capacitación
Comunicación	Productividad
Desmotivación	Planeación
Asistencia rotación	Inseguridad
Liderazgo	Competencias
Colaboración	Valores
Integración	Envidia
Escolaridad	Cultura
Desconfianza	Intereses distintos
Reclutamiento	Soberbia

2- Determinar el grado de conflicto de cada nivel jerárquico:

- Directivo
- Ejecutivo alto
- Ejecutivo bajo
- Operativo

3- Elegir el tipo de encuesta correcto. Esto evitará que el resultado no sea el esperado:

- Entrevista
- Encuesta
- Mesas de discusión
- Carta de sugerencias
- 1 canal
- 2 canales
- 3 canales
- 4 canales
- 5 canales
- 6 canales

4- Establecer el tiempo de realización de la actividad

Establecer el tiempo es importante para una buena planeación, ya ayuda a evitar que se lleve más tiempo del requerido y depende del tipo de encuesta.

- Media hora
- 1 hora
- 1 hora y media
- 2 horas

5- Informar previamente al personal de la realización de la encuesta

Informar previamente al personal, hace ver que el área responsable trabaja con organización y muestra respeto y consideración al personal por la comunicación oportuna, lo que ya ayuda a generar apertura y disposición a participar.

Es importante la forma en que se informará al personal para sensibilizarlo, manteniendo siempre un enfoque positivo y explicando los beneficios de realizar la evaluación.

- Medio impreso
- Medio electrónico
- Medio audiovisual

6- Generar un plan de aplicación

Generar una planeación que incluya tiempos, recursos requeridos, personal involucrado en la realización, lugares, etc.

7- Analizar resultados

Se recomienda que los primeros resultados en frío, sean analizados por el personal de Recursos Humanos y generen los resultados concentrados, ya sea en gráficas o resúmenes de interpretación.

8- Informe final del resultado a los directivos

Generar un documento que contenga cifras, pero lo más importante es que contenga argumentos que hagan referencia a las problemáticas encontradas, conclusiones, compromisos y estrategias a emplear para la gestión del cambio.

Muchos directivos, temen realizar éste tipo de encuestas por temor a generar conflictos en vez de resolverlos, argumentando que no están preparados. Pero temo decirles que su argumento, en realidad esconde un gran secreto…

Porque resulta que muchos directivos temen realizarla porque sienten amenazado su orgullo y su ego, porque tienen que bajar la guardia y que alguien más le haga ver sus errores y eso complica todo. Si usted es uno de esos directivos, atrévase y sea de una vez parte del cambio, porque si no, usted seguirá siendo parte del problema y nada cambiará.

Nunca se está preparado y esperar el momento ideal, es esperar por siempre, todo radica en hacerlo de la forma correcta y por las razones correctas.

Capítulo 7

Clima organizacional

Es fácil para un trabajador desear un cambio positivo en su lugar de trabajo y mientras más favorezca a sus propios intereses, mejor.

Pero que sucede cuándo se le pide al trabajador ser parte del proceso de cambio y modificar en él, lo que haya que modificar, entonces se acaba en encanto.

O se es parte de la solución o se es parte del problema, así de sencillo.

Por eso cada uno de nosotros, debemos reflexionar sobre hacer algo o esperar a que los demás lo hagan y solamente quejarnos.

AUTO-ENCUESTA

Hemos hablado mucho de lo que una empresa tiene que hacer para generar cambios positivos, pero es importante entender que la responsabilidad de generar esos cambios, no es solamente de la empresa, pues desafortunadamente, así es como sucede la mayoría de las veces, pues se vuelve una situación muy cómoda por parte del personal únicamente recibir y no son conscientes de lo que ellos deben aportar individualmente.

Por esa razón, yo considero que muchos planes de gestión del cambio fracasan, pues los directivos se preocupan por hacer lo que les corresponde a ellos, pero los trabajadores no.

El cambio lo hacemos todos, pero inicia por uno mismo.

Ésta actividad tiene el objetivo de hacerse uno mismo un análisis de comportamiento, también se puede utilizar en vez de una encuesta de clima laboral, sabemos que tal vez podemos engañar a los demás con nuestras respuestas, pero no podemos engañarnos a nosotros mismos y cada uno después de responderse a sí mismo, descubrirá si son parte del problema o parte de la solución.

Éste auto-análisis, motivará de alguna manera el cambio interno en ellos y así dar el primer e importante paso al verdadero cambio.

El proceso de aplicación puede ser el siguiente:

- La encuesta se realiza en una hoja impresa.
- Antes de iniciar, se les explica que la encuesta no se entrega a nadie, ni la va a leer nadie más que ellos. Eso les dará la confianza de ser más honestos con ellos mismos.
- La hoja contestada, la deben conservar y de preferencia en un lugar donde puedan verla

constantemente y tenerlo presente, eso ayudará a reforzar el ejercicio.

Ejemplo de una hoja de auto-encuesta:

	Muy bueno	Bueno	Regular	Malo	Muy malo
El clima laboral en mi empresa es					
Porqué					

	Muy pasiva	Pasiva	Indiferente	Activa	Muy activa
Mi participación es					
Porqué					

Qué me gusta de mis compañeros	
Qué no me gusta de mis compañeros	
Qué me gusta de mi en el trabajo	
Qué no me gusta de mi en el trabajo	
Cuando cometo un error... 1- Busco liberarme y culpar a otros. 2- Lo reconozco y busco la manera de resolverlo	

Cuando alguien comete un error... 1- Me burlo y lo exhibo, 2- Lo comprendo y le animo para que recupere la confianza y le ayudo	

Mi actitud y comportamiento en la empresa es:	Elige el porcentaje de cada situación, en la que tú consideres que pasas la mayor parte del tiempo	
Solamente critico y me quejo de lo que no me parece, sin aportar algo positivo	%	Escribe una reflexión de los porcentajes que indicas
Entiendo que todas las empresas tienen algo positivo y negativo y trato de adaptarme	%	_____
Critico y me quejo de lo que no me parece, pero trato de aportar algo positivo para mejorar	%	_____
Me concentro en lo positivo, tratando de que lo negativo no me afecte demasiado aunque no esté de acuerdo y trato de aportar algo positivo para mejorar	%	_____

¿Qué opinas de las personas que no muestran disposición en apoyar las propuestas de mejora?
_____
_____

¿Qué opinas de las personas que esperan que los demás cambien su actitud, pero no están dispuestas a cambiar su propia actitud?
_____
_____

Las relaciones son importantes en el trabajo, es necesario desarrollar la inteligencia emocional para ser una persona efectiva, siendo con su comportamiento, parte de la solución y no parte del problema.

En base en lo anterior, cómo te describirías en éstas 5 habilidades:

Nivel de control:	Muy alto	Alto	Medio	Bajo	Muy bajo
1- Autoconciencia emocional					
2- Actitud positiva					
3- Autocontrol emocional					
4- Adaptabilidad					
5- Empatía					

Qué puedo hacer yo para mejorar el clima laboral en mi empresa y a qué me comprometo
_____
_____
_____
_____

(revisar lo escrito en ésta parte dentro de 6 meses, para ver si cumpliste tus compromisos)

Nombre, firma y fecha	

EJERCICIOS DE REFLEXIÓN

Ésta actividad aunada a la anterior, también se realiza con el objetivo de crear conciencia de nuestro propio comportamiento y nuestra percepción acerca de situaciones, que pueden ocurrir de manera cotidiana en un lugar de trabajo.

Como mencioné anteriormente, lograr generar un cambio interno por convicción entre los trabajadores, abrirá la posibilidad de poder transformar la cultura organizacional en la que el esfuerzo será en conjunto.

La forma de realizar ésta actividad es la siguiente:

Se trabaja con grupos de hasta 20 personas, pueden ser del mismo departamento o mezclar de varios departamentos (muy recomendable).

El grupo de divide en equipos de 3 o 4 personas, cada una contesta de forma individual en una hoja impresa el ejercicio.

Al finalizar, los equipos se reúnen y cada persona explica a los demás lo que interpreta de cada imagen.

Para que la actividad cumpla su objetivo, la idea es que cada persona reconozca que se identifica con alguna de las imágenes en un sentido negativo y que los demás le ayuden dándole ideas sobre cómo manejar esa situación y volverla positiva.

A continuación se muestra un ejemplo de una hoja con imágenes para hacer el ejercicio:

ENCUESTA DE CULTURA ORGANIZACIONAL

Ésta encuesta a diferencia de una de clima laboral, contiene preguntas más enfocadas a la visión y percepción de la forma de trabajar y llevar a cabo los procesos, es muy útil para detectar los conceptos que cada ejecutivo pueda tener acerca de los lineamientos, procedimientos, normas y estilos de trabajo que puedan generar discrepancias en el concepto de cultura organizacional que cada trabajador pueda tener y dificulte lograr acuerdos.

Se le pide a cada ejecutivo que conteste la encuesta y al finalizar, se reúnen para analizar y discutir las distintas respuestas y generar acuerdos que sirvan para planear nuevas estrategias que ayuden a alinear los conceptos y tomar mejores decisiones sobre el rumbo de la empresa. A diferencia de una encuesta de clima laboral, se pueden adaptar las preguntas a aspectos más generales, pero que atiendan problemas específicos y solucionarlos, en vez de preguntas específicas con respuestas condicionadas y que por ser así, a final, no son de gran ayuda.

La gente nunca
quiere ser parte del
proceso, pero
quieren ser parte del
resultado.

El proceso es donde descubres
quién merece
ser parte del resultado.

Hemos llegado al fin… Ha sido un placer compartir este apasionante tema con ustedes, deseo que haya aportado algo a sus vidas.

Quiero pedirles que siempre recuerden que todos tenemos la valiosa oportunidad de cambiar algo, cambiar nuestras actitudes, cambiar como profesionales, cambiar nuestras viejas costumbres o malos hábitos, cambiar como jefes, cambiar nuestro entorno laboral, cambiar nuestra ciudad, cambiar nuestro país y después… ¿Por qué no?... algún día cambiar al mundo.

No tengo una colección de títulos, pero tengo una enorme colección de experiencias y conocimiento, que con mi talento y creatividad, he sido capaz de transformarlas en soluciones.

No lo sé todo, aún me falta mucho por aprender, tampoco he ocupado los puestos más altos y pronto llegaré.

Pero mientras tanto… Seguiré analizando, razonando, imaginando, inventando, ayudando, enseñando y soñando…

ES INCREÍBLE
cómo puede
cambiar tu vida
CUANDO DECIDES
cambiar un
pensamiento.

¡Hasta siempre!

Ricardo Pérez Pérez

www.ricardopp.com

DO al Rescate

Edición impresa en México

Se terminó de imprimir en agosto de 2018

www.ingramcontent.com/pod-product-compliance
Lightning Source LLC
Chambersburg PA
CBHW052345220526